Autorin

Nina Onawa, Jahrgang 1967, ist in Hannover geboren. Sie schloss zunächst eine Ausbildung zur Bankkauffrau in einer Hypothekenbank ab. Es folgten Weiterbildungen zur Bankfachwirtin und EDV-Kauffrau mit anschließender Programmiertätigkeit in einem Rechenzentrum für Sparkassen. Nach der Geburt des ersten Kindes wuchs das Interesse für die Lern-Entwicklung von Kindern und an Wahrnehmungsprozessen. 2002 absolvierte sie die Ausbildung zur Sozialassistentin, und ihre Familie nahm Pflegekinder auf. Ab 2008 arbeitete Nina Onawa nach Abschluss der Ausbildung zur Ergotherapeutin als Schulbegleitung von autistischen und ADHS-Kindern. Weiterhin führte sie nebenberuflich Kurse im Kindergarten zur Sprechförderung und Aufmerksamkeit sowie LRS-Nachhilfe durch. 2014 schloss sie ein Studium in B. Sc. Psychologie ab. Seit 8/2014 befindet sie sich in der Ausbildung zur Steuerfachangestellten.

Von Nina Onawa sind bei BoD erschienen oder noch in Arbeit:

Mutismus: Erwachsene ohne spontane, impulsive Intuitivsprache

Begleitung eines Asperger-Kindes im Setting Grundschule

Mami hat mich durchschaut, so'n Mist!

Na siehst'e, Mama! - Geschichten und Gedichte zum Nachdenken und Schmunzeln

Ideen-Pool bei LRS

Nina Onawa

Aktualisierte Lerntheorien aus Sicht um anno 2000

Für konstruktive Kritik erreichen Sie mich unter nina.onawa@t-online.de.

Allein wegen der flüssigeren Lesbarkeit steht im Text die maskulin gewählte Form für eine neutrale Form, wenn eine geschlechtsunspezifische nicht möglich war.

Bibliografische Information der Deutschen Nationalbibliothek: Die Deutsche Nationalbibliothek verzeichnet diese Publikation in der Deutschen Nationalbibliografie; detaillierte bibliografische Daten sind im Internet über www.dnb.de abrufbar.

Herstellung und Verlag:
BoD – Books on Demand, Norderstedt

ISBN: 9783734762352

Inhaltsverzeichnis

Vorwort

Im Rahmen meiner Bachelorarbeit/BA im Studiengang Psychologie an der FernUniversität Hagen habe ich Lerntheorien analysiert, diese zu einer Schablone zusammengefasst und im Feld angewendet. Mein Anliegen in der BA war, zu untersuchen, ob Gruppen unter Kritiken im kulturellen Feld lernen bzw. Lerneffekte herauszuarbeiten. Thema der BA, eingereicht am 29.10.2013: „Artefakt-Weiterentwicklung im Feld als Lernverhalten in Bezug zu Lerntheorien". Eine Analyse konkurrierender Casting-Shows „Deutschland sucht den Superstar" im Vergleich zu „The voice of Germany" und den Kritiken. In diesem Buch liegt der Fokus auf die Lerntheorien, die ich überarbeitet habe.

Einleitung

Mit dem Thema „Lernen" muss sich jede gesellschaftliche Epoche womöglich sogar jede Generations-Ära immer wieder neu befassen, einfach schon deshalb, weil sich die Sprache (Ausdrucksweise, Auswahl von Wörtern) kulturell zeitlich verändert.

Die klassisch vertrauten Lerntheorien beziehen sich auf ein Individuum, jedoch steht der Mensch in wechselseitigem Kontakt zu Gruppen. Lassen sich Lerntheorien auf eine Gruppe anwenden? Nach Schimank (2000) sind alle sozialen Strukturen durch das Zusammenwirken von handelnden Akteuren reziprok bestimmt und nicht Gottes Wille oder Wille der Natur, wie früher angenommen. So wird Kultur nur gemeinsam geschaffen. Viele gesellschaftliche Akteure sind in der Freizeitunterhaltung unter Wechselbeziehung beteiligt: Auf der Makroebene Ämter mit rechtlichem Charakter, auf der Mesoebene Organisationen, Moderatoren mit background-Team und Medien und auf der Mikroebene Individuen als Darsteller, Publikum und Kritiker.

Menschen zeigen bereits seit Jahrtausenden durch Spielen, Singen, Tanzen und Humoristisches neben besonderen Kommunikationsformen, in ihrer Kultur beeinflusst zu werden; auch kritisch: So war das Buch bzw. Schriftliches von Sokrates abgelehnt worden. Sich gemeinsam zu amüsieren hat einen hohen Stellenwert. Ebenso ist Kooperation nach Tomasello (2010) für das Zusammenleben relevanter als Rivalität. Dennoch scheint Rivalität, wie durch Kritiken und Konkurrenzsituationen Kooperationen zu fördern. Welche Kritiken nehmen Jury-Mitglieder bzw. die Sender von Casting-Shows zur Findung von Singstars an? Was ahmen sie nach, was nicht? Ist Nachahmung von einer Beobachtung abhängig?

Durch wissenschaftliche Studien und Felddaten im Internet sind Meinungen und Reaktionen als Lernverhalten u.a. auf Kritiken öffentlich beobachtbar, recherchierbar und diskutierbar. Es wird sicherlich "Lerneffekte" geben, die jedoch durch emotionale Geschmackszuschreibungen nicht erkannt werden.

Glossar/Begriffe: Merkmale bzw. Teildefinitionen

Reiz (S = Stimulus)

Ein Reiz ist, wenn ein Sinnesorgan durch Energie erregt wird (Schorr, 1999). Jeder Vorgang, der von innen oder außen vom Organismus so wahrnehmbar ist, dass eine Reaktion erfolgt oder erfolgen könnte, ist ein Reiz (Der Brockhaus - Psychologie, 2001). Der Reiz muss eine bestimmte Intensität haben, um bemerkt zu werden; ist die Stärke zu hoch, kann ein Schmerzempfinden entstehen (Bodenmann, Perrez & Schär, 2011).

Reaktion (R)

Eine Reaktion ist eine Bewegung von Muskeln oder Drüsen. Mehrere Reaktionen bilden eine Handlung. (Schorr, 1999). Eine Reaktion ist ein ausgelöstes Verhalten durch innere oder äußere Reize (Der Brockhaus - Psychologie, 2001).

Reiz und Reaktion beim Klassischen Konditionieren

- NS (neutraler Stimulus): Ein bisher dem Organismus unbekannter Reiz, dem keine biologische Reaktion als angeborener Reflex folgen würde.
- UCS (unkonditionierter Stimulus): Reiz, der eine bestimmte angeborene Reaktion erwartet auslöst.
- UCR (unkonditionierte Reaktion): Bestimmte in der Situation ungelernte Reaktion auf einen bestimmten Reiz.
- CS (konditionierter Stimulus): Der NS, der mit einem UCS gepaart wird, erhöht die Stärke einer erwarteten Reaktion auf den UCS. Der NS, der nach Wiederholungen der Paarung für eine kurze Zeit die Reaktion ohne Paarung mit dem UCS nun alleine auslösen kann, wird zum CS.
- CR (konditionierte Reaktion): Der gelernte Reiz (CS) führt alleine zur selben Reaktion (UCR) nach dem UCS und wird zur CR.

1. UCS: Futter → UCR: Speichel
2. UCS: Futter + NS: Ton → UCR: Speichel (stärkere Intensität als 1.)
3. CS: Ton → CR: Speichel (nicht langfristig, schwächt sich ohne UCS ab)
   oder
   CS: Ton → CR: Speichel → Futter

Reflex

Reflexe sind bei Menschen nur in den ersten Lebenswochen angeboren wirksam, danach werden sie durch Lernen erworben und aufrechterhalten (Bodenmann, Perrez & Schär, 2011). Nach Pawlow (1973) können Instinkt und Reflex kaum getrennt werden; zog das Wort „Reflex" dem Wort „Instinkt" vor und stellte die Wahl ebenso anderen frei. Nach Thorndike (1930/1970) spricht man meist vom „Instinkt", wenn die Situation komplexer, die Reaktion nicht eindeutig bestimmbar und deren Verbindung modifizierbar ist. Pawlow (1973) trennte zwischen:

Angeborene Reflexe: gesetzmäßige Reaktionen des Organismus auf bestimmte äußere und innere Reize mit direkter Verbindung zum Rückenmark.

Bedingte/erworbene Reflexe, die sich auf angeborene Reflexe aufbauen und bisher als Instinkte bezeichnet wurden; z.B. Gewohnheiten und Assoziationen. Sie erweitern sich laufend, werden komplizierter und in der Großhirnrinde verarbeitet. Ihre Funktion ist die Verbindung von Reizen mit einer bestimmten physiologischen Tätigkeit, die früher mit dieser Tätigkeit nicht in Verbindung stand. Die bedingten (erlernten) Reflexe des 1. (sensorisch) und 2. Signalsystems (Sprache) verbinden sich in der frühen Kindheit mit den angeborenen, unbedingten Reflexen und bilden verschmolzene Reflexe zu einer unteilbaren funktionellen Einheit (vgl. auch Wells, 1976) = komplexe Reflexhandlungen nach Bykow (zitiert nach Wells, 1976); Bechterew nannte sie „kombiniert" (zitiert nach Pawlow, 1973). Die meisten Tätigkeiten von Erwachsenen sind Gewohnheiten durch konditionierte Reaktionen und nicht wie traditionell angenommen, instinktiv ungelernt (Watson 1930/1984).

Assoziationen

Assoziationen sind höhere hirnige Verbindungen von Bewusstseinsinhalten, die aufgebaut werden. Die Erinnerung an einen Teil der Verbindung kann die anderen Teile der Verbindungen hervorrufen (Bechterew, 1926; Der Brockhaus - Psychologie, 2001; Pawlow, 1973).

Wahrnehmung

Von Wahrnehmung (perception) spricht man, wenn Reize einer bewussten, gedanklichen Verarbeitung unterliegen (also kognitive Prozesse im Gehirn ausgelöst werden). Der Organismus selektiert, organisiert und interpretiert Stimuli aus der Umwelt. Nicht die objektive Situation, sondern die subjektiv wahrgenommene ist unmittelbar handlungsrelevant. (Staehle, 1991). Vgl. auch Pawlow (1973): Wenn eine Erregung mit anderen Erregungen und Spuren früherer Erregungen verbunden ist und sich durch abschließende innere Verarbeitung ergibt.

Anpassung

Sobald die Lösung dem Problem angemessen ist, wird der Organismus als angepasst angesehen (Angermeier, 1983). Das Verhalten ist adaptiv, wenn man sich externen Veränderungen anpasst ohne die Umwelt aktiv zu gestalten und ohne antizipative Möglichkeiten = klassisches behavioristisches S-R-Modell der individuellen Lerntheorie (Güldenberg, 1999).

Handlung

Eine Handlung erfolgt bewusst willentlich, zielgerichtet und zeitlich begrenzt (Edelmann & Wittmann, 1978/2000; Hacker, 1999). Nach Edelmann und Wittmann (1978/2000): Handlungstheoretiker gehen überwiegend von einer Innensteuerung durch die Person selbst aus, während der Handelnde als Subjekt für seine Handlung selbst verantwortlich ist und sie aktiv gestaltet (steht nicht unter der Kontrolle der Umwelt). Über die Folgen erhält er Rückmeldungen mit Wissen über die Welt, die er reflektorisch und modifizierend regulieren kann.

Verhalten/-sweisen

In der Psychologie sind Verhaltensweisen alle beobachtbaren Bewegungs- und Statusformen und daraus erschließbare Gedanken und Gefühle (Der Brockhaus - Psychologie, 2001). Sie waren ursprünglich Muskelaktivitäten und andere physiologische Veränderungen, die später um inneres Verhalten wie Gedanken und Gefühle (als psychisch Subjektives; Pawlow, 1973) ergänzt wurden und durch Selbst- oder Fremdbeobachtung erschließbar sind (Bodenmann, Perrez & Schär, 2011). Nach Edelmann und Wittmann (1978/2000) gehen Verhaltenstheoretiker überwiegend von einer Außensteuerung durch Reize aus.

Nachahmung bzw. Imitation

Beide Begriffe sind synonym für die Aneignung von Verhaltensweisen eines Vorbildes unabhängig vom Bewusstheitsgrad und der Übertragungsart (vom Vorbild zum Empfänger), die mechanisch oder szenisch wiederholt werden (Der Brockhaus - Psychologie, 2001).

implizit

Implizit, wenn Informationen aus dem Gedächtnis ohne bewusste Anstrengung abgerufen werden können (Gerrig & Zimbardo, 2004).

Ohne explizites Wissen über das Wissen von Vorgängen wird das implizite genutzt und zeigt sich im Können. Fast alles, was wir lernen, wissen wir nicht. (Spitzer, 2003).

Dieses intuitive Wissen ist sprachlich nicht verfügbar, dominiert aber das Handeln. Ein plötzlicher Einfall als Aha-Erlebnis ist implizites Wissen, welches explizit wird. (Pöppel, 2008).

Implizites Wissen kann schlechter als explizites weitergegeben werden. Mitglieder geben implizites Wissen vorrangig innerhalb ihrer Gruppe weiter, weil die Vertrauensbasis mit dieser stärker ausgeprägt ist. (Liebsch, 2011).

informell

Informelles, unbewusstes Lernen unterliegt nicht einer formalen oder informalen Umgebung (Brodowski, 2009; Dohmen, 2001).

Theorien - Literaturarbeit: Auswahl von Merkmalen zu „Was ist Lernen?"

1. Allgemeine Definitionen

„Was ist lernen?" gegliedert anhand folgender *Fokus*-Fragen (wegen Überschneidungen):

- Wann hat man gelernt? (vergangenheitsbezogen)
- Wie bzw. wann kann gelernt werden und warum wird gelernt? (Lernbedingungen; zukunftsbezogen)
- Wo kann gelernt werden? (impliziert Wann ... und Wie ...)
- Was hat man gelernt?

1.1 Wann hat man gelernt? (Fokus)

Lernen = Gewohnheitsbildung (Schorr, 1999)

Durch die Auseinandersetzung mit der Umwelt kommt es zur Bildung von Erfahrungen, die in der Zukunft neue Aktivitäten beeinflussen. Angeborene oder durch biologische Reifung entstehende Reaktionen sind vom Lernen zu differenzieren. (Edelmann, 1999).

Im Lernprozess werden durch wiederholte Übung Dispositionen erworben, um sich danach anders verhalten oder denken zu können (Edelmann & Wittmann, 1978/2000). Lernen kann anhand einer Verhaltensänderung beobachtet werden, schließt bei Nichtbeobachtung aber nicht aus, dass ein Potential gelernt wurde (Liebsch, 2011).

Nach Gaiser (2003): Lernen ist ein positiv attribuierter Prozess, der nicht direkt wahrnehmbar ist, sondern durch Beobachtung zweier Zustände erschlossen wird (vgl. auch Bower & Hilgard, 1983; Krebsbach-Gnath, 1996; Liebsch, 2011; Staehle, 1991). Da individuelle Präferenzen sich im Verhalten zeigen, beschränken sich Ökonomen nach wie vor auf beobachtbare Faktoren, die auf Verhaltensveränderungen zurückgeführt werden können und erkennen emotionale wie motivationale Faktoren wegen Unbedeutsamkeit als Untersuchungsgegenstand nicht an.

Lernen nach Bower und Hilgard (1. 1983, zitiert nach Petermann, Petermann & Winkel, 2006; 2. Bower & Hilgard, 1983):

- Veränderungen (vgl. auch Gaiser, 2003; Krebsbach-Gnath, 1996; Liebsch, 2011; Staehle, 1991)
  - im Verhalten durch wiederholte Erfahrungen in Bezug zu einer spezifischen Situation, welches beobachtbar ist. Erfahrungen führen zu einem Zuwachs an Wissen oder Können.
  oder
  - in den Verhaltensmöglichkeiten als Potential, um in einer passenden Situation neues Verhalten zu zeigen.
- Beruht nicht auf: Angeborenes, Reifung, vorübergehende Zustände (vgl. auch Edelmann, 1999; Liebsch, 2011).

- Lernen bewirkt dauerhafte Veränderungen im Verhalten (vgl. auch Staehle, 1991).

Traditionelle Sichtweise: Nach Wiederholungen stellt sich ein stabiler Erfolg ein, so dass gesichert von einem vorherigem Lernprozess ausgegangen wird. Sagt aber nach Krebsbach-Gnath (1. 1996, zitiert nach Gaiser, 2003; 2. Krebsbach-Gnath, 1996) nicht aus, ob das Lernergebnis funktional ist. Ein Erfolg kann sogar Zufall/Glück sein und schließt ein vergangenes Lernen nicht automatisch ein (Dierkes, 1992; Krebsbach-Gnath, 1996).

→ Teil-Auswahl von Merkmalen zu einer Schablone „Aktualisierte Lerntheorien aus Sicht um anno 2000":

„Wann hat man gelernt?"

- Wenn wiederholte Erfahrungen oder die wiederholte Übung einer Situation
  o zu einem Zuwachs von explizitem wie implizitem Wissen führen.
  und
  o sich zukünftig in beobachtbaren Veränderungen im Verhalten durch Abgleich zweier Zustände zeigen (Können).
  oder
  o zu Veränderungen von Verhaltensmöglichkeiten führen (Dispositionen/Potential).
- Ausschluss-Abgrenzung (Dann hat man nicht gelernt.): Verhaltensweisen durch Angeborenes, Reifung oder vorübergehende Zustände gehören nicht zum Lernen.
- Wenn eine Gewohnheit entsteht.
- Lernen bewirkt dauerhafte Veränderungen im Verhalten.

Gewohnheit überwiegend nach *Der Brockhaus - Psychologie* (2001)

Gewohnheit ist in der Psychologie die Bereitschaft für automatisiertes Verhalten als Ergebnis einer Gewöhnung durch häufige Wiederholungen physischer und psychischer Reaktionen (vergleichbar mit der bedingten Reaktion). Die Gewohnheit selbst kann zum Handlungsziel werden.

In der Verhaltensforschung dagegen ist die Gewöhnung die Anpassung an Dauerreize, indem die Bereitschaft bei Wiederholung des Reizes (vertraut werdend) auf diesen als Auslöser zu reagieren abnimmt: durch Nachlassen der Intensität oder der Häufigkeit einer Reaktion.

Nach Watson (1930/1984) sind die meisten Tätigkeiten von Erwachsenen Gewohnheiten durch konditionierte, bedingte Reaktionen.

- *Habituation (nicht-assoziativ)* nach Petermann, Petermann und Winkel (2006)
  o Eine Habituation als Gewöhnung tritt ein, wenn einem wiederholt dargebotenen Reiz nicht mehr die vorherige Kausal-Reaktion folgt.

o Nach einer Pause auf eine Wiederholungsserie der Reizgebung wird die Reaktion nach dem Reiz wieder ausgelöst. Die Gewöhnung tritt bereits nach weniger Wiederholungen als vorher ein (= Lernen).

- *Mere-exposure-Effekt* nach Petermann, Petermann und Winkel (2006): Je häufiger Kontakt zu einem Reiz besteht, wird er vertrauter (vgl. auch Der Brockhaus - Psychologie, 2001), bekannt und dann positiver beurteilt. Eine affektiv negative Reaktion erfolgt aber, wenn der Reiz andauernd massiert dargeboten wird. Die Umstände sind noch nicht eindeutig geklärt.

→ Teil-Auswahl von Merkmalen zu Gewohnheitsbildung, Habituation und Mere-exposure-Effekt Gewohnheitsprozesse:

1. Gewohnheitsbildung durch S-R-Wiederholung (Stimulus/S-Reaktion/R):
   o Dem Reiz folgt gewöhnend die kausale Reaktion.
   o Nun auch als Bereitschaft für automatisiertes Verhalten.
   o Die Gewohnheit selbst kann dann zum Ziel werden.
   o Ist der Reiz durch Wiederholung vertraut/bekannt geworden, wird er positiv beurteilt.

2. Ein wiederholter Reiz führt wegen Gewöhnung/Habituation nicht mehr zur sonst kausal bekannten und verlässlichen Reaktion.
   Wird der vertraute Reiz zu sehr massiert dargeboten, folgt eine affektiv negative Reaktion.
   Dieser Prozess bildet ebenfalls eine Gewohnheit aus.

3. Nach einer Reizpause nach einer Wiederholungsserie löst der Reiz die Reaktion wieder aus, dessen Gewöhnung dann weniger Wiederholungen benötigt.

Perzeptuelles Lernen (s. auch Wahrnehmung S. 17)

Seit den 1950er geht man davon aus, dass sich Wahrnehmungsleistungen automatisch und ohne Absicht durch wiederholten sensorischen Kontakt als Erfahrung verbessern, wenn die Aufmerksamkeit auf relevante Merkmale gelenkt wird (1. Fahle, 2006, zitiert nach Petermann, Petermann & Winkel, 2006; 2. Fahle, 2012). Nach Selg (1978): Wir kennen wiederholt sehbare Umgebungsobjekte eines Tages, obwohl wir ihnen nie Aufmerksamkeit und Interesse schenkten und sie somit direkt nicht beobachteten. Übungserfolge liegen womöglich einfach an der wiederholten Wahrnehmung unter Kontiguität.

→ Teil-Auswahl von Merkmalen (ergänzt um „… Wahrnehmung …") zu einer Schablone „Aktualisierte Lerntheorien aus Sicht um anno 2000":

„Wann hat man gelernt?"

- Wenn wiederholte Erfahrungen oder die wiederholte Übung einer Situation
  - o zu einer Ausbildung entsprechender Wahrnehmungsfähigkeiten führen

  und

  - o zu Veränderungen von Verhaltensmöglichkeiten führen (Dispositionen/Potential). Wenn sie sich z.B. später automatisch ohne Absicht in verbesserten Wahrnehmungsleistungen zeigen.

Priming

Ein einmalig und kurz dargebotener Reiz wird später unbewusst aus fremden Reizen wiedererkannt (Petermann, Petermann & Winkel, 2006).

→ Zusammenstellung von vorher ausgewählten Teil-Merkmalen zu einer Schablone „Aktualisierte Lerntheorien aus Sicht um anno 2000":

„Wann hat man gelernt?"

1. Wenn wiederholte Erfahrungen oder die wiederholte Übung einer Situation
   - zu einer Ausbildung entsprechender Wahrnehmungsfähigkeiten führen.

   und

   - zu einem Zuwachs von explizitem wie implizitem Wissen führen.

   und

   - sich zukünftig in beobachtbaren Veränderungen im Verhalten durch Abgleich zweier Zustände zeigen (Können).

   oder

   - zu Veränderungen von Verhaltensmöglichkeiten führen (Dispositionen/Potential). Wenn sie sich z.B. später automatisch ohne Absicht in verbesserten Wahrnehmungsleistungen zeigen.

2. Ausschluss-Abgrenzung (Dann hat man nicht gelernt.): Verhaltensweisen durch Angeborenes, Reifung oder vorübergehende Zustände gehören nicht zum Lernen.

3. Nach wiederholenden Gewohnheitsprozessen.

   3.1 Gewohnheitsbildung durch S-R-Wiederholung
   - Dem Reiz folgt gewöhnend die kausale Reaktion.
   - Nun auch als Bereitschaft für automatisiertes Verhalten.
   - Die Gewohnheit selbst kann dann zum Ziel werden.
   - Ist der Reiz durch Wiederholung vertraut/bekannt, wird er positiv beurteilt.

3.2 Ein wiederholter Reiz führt wegen Gewöhnung/Habituation nicht mehr zur sonst kausal bekannten und verlässlichen Reaktion.

Wird der vertraute Reiz zu sehr massiert dargeboten, folgt eine affektiv negative Reaktion.

Dieser Prozess bildet ebenfalls eine Gewohnheit aus.

3.3 Nach einer Reizpause löst der Reiz die Reaktion wieder aus, dessen Gewöhnung dann weniger Wiederholungen benötigt.

4. Ein einmalig und kurz dargebotener Reiz wird später unbewusst aus fremden Reizen wiedererkannt.

5. Lernen bewirkt dauerhafte Veränderungen im Verhalten.

Kritische Anmerkungen

Zu 2. + 5.: Ich gehe davon aus, dass sich wegen variantenreicher Interaktionen Ursachen nicht konkret auf Reifung oder Angeborenes zurückführen lassen. Nach Pawlow (1973) und Bechterew (1926) entwickeln sich angeborene Reflexe laufend zu bedingten Reflexen weiter. D.h. es gibt jeweils zwei zeitlich getrennte Zustände, so dass für den Aspekt des „Wann hat man gelernt?" die Veränderungsdefinition ausreicht. Ebenfalls bezweifele ich, dass ein Lernen nur unter Wiederholung erfolgt und vorübergehende Zustände nicht zum Lernen gehören.

→ Übertrag (in die End-Auswahl von Merkmalen): *Folgend nur noch durch den Pfeil als Übertragungssymbol „→" dargestellt.*

Daher entferne ich die Merkmale zu „Angeborenes, Reifung und vorübergehender Zustand. Zu „dauerhaft" ergänze ich unter „Veränderungen". Siehe auch folgend.

Zu 1., 4. + 5.: Einmalige Erfahrungen bzw. vorübergehende Zustände unterliegen auch Lernprozessen. Ein Unternehmen kann sich schnell gelernt immer wieder neu anpassen; Veränderungen aus Lernprozessen sind also nicht stabil.

→ Statt „Wenn wiederholte Erfahrungen oder die wiederholte Übung einer Situation" nun „Wenn die wiederholte Übung oder wiederholte wie einmalige Erfahrungen einer Situation".

→ Das Merkmal „Ein einmalig und kurz dargebotener Reiz wird später unbewusst aus fremden Reizen wiedererkannt." nun als Beispiel ergänzt unter „zu Veränderungen von Verhaltens-möglichkeiten führen (Dispositionen/Potential)."

→ „Lernen bewirkt dauerhafte Veränderungen im Verhalten.": Entfernt und ergänzt in „…sich zukünftig in beobachtbaren und ggf. dauerhaften Veränderungen im Verhalten durch Abgleich zweier Zustände zeigen …".

Zu 3.2: Wenn sich die Habituation generell bei Wiederholung eines Reizes mit einer sonst verlässlich folgenden Reaktion einstellt, wenn sie also nicht mehr zur kausal bekannten Reaktion führt (Hemmung), wären automatisierte/automatische (sensomotorische) Prozesse unter diesem Aspekt zu prüfen.

Habituation	Automatismus
1. Wiederholung von S-R	1. Wiederholung von S-R
2. Gewöhnung/Habituation durch Vertrautheit von S	2. Gewöhnung als Assoziation
	3. Gewohnheit als Bereitschaft
3. Hemmung von R (abgeschwächt oder gar nicht mehr)	4. Gewohnheit als Ziel-Ausführung
evtl. bekannt und uninteressant	evtl. bekannt und wichtig

Dann würde die Folge womöglich so sein können:

1. Gewohnheitsbildung: S-R-Automatismus als Bereitschaft
2. Ausführung des S-R-Automatismus

oder

Auf S folgt R nicht, wie erwartet oder gar nicht:

- Habituation/Gewöhnung (→ Gewohnheitsbildung der Hemmung)

oder

- unter kognitiver Absicht erfolgt nach S eine andere Reaktion (vgl. auch Bechterew, 1926; Spitzer, 2003).

3. Ent-Hemmung der Hemmung bzw. Nicht-Ausführung einer Habituation

- durch Absicht: löst 2. „Ausführung des S-R-Automatismus" aus.

oder

- Nach einer Reizpause nach einer Wiederholungsserie löst der Reiz die Reaktion wieder aus, dessen Gewöhnung dann weniger Wiederholungen benötigt (Ent-Hemmung der Hemmung).

Der Mere-exposure-Effekt spiegelt sich in der Habituation wider: Einerseits positiv vertraut gespeichert, andererseits bei massierter Darbietung negative Affekt-Reaktion. Er beschreibt jedoch nur einen Lernprozess mit Bewertung (als innere kognitive Reaktion). Diese Beobachtungen machen aus dem Effekt eine sowohl-als-auch-Komponente und unklar bleibt, warum bzw. wann eine Wiederholung als massiert eingestuft wird. Erklärt auch nicht, die daraus folgende motorische Reaktion bzw. Nicht-Reaktion.

→ Statt „Ein wiederholter Reiz führt wegen Gewöhnung/Habituation nicht mehr zur sonst kausal bekannten und verlässlichen Reaktion." nun „Ein wiederholter Reiz kann dazu führen, dass die kausal bekannte und verlässliche Reaktion nicht mehr erfolgt (Hemmung des Automatismus)."

- automatische Habituation/Gewöhnung

oder

- Gewohnheiten bewusst verlassen, die schon dadurch zu Veränderungen führen (Gaiser, 2003). Unter kognitiver Absicht folgt nach S eine andere Reaktion oder ein anderer Stimulus für dieselbe Reaktion.

→ Statt „Nach einer Reizpause nach einer Wiederholungsserie löst der Reiz die Reaktion wieder aus, dessen Gewöhnung dann weniger Wiederholungen benötigt (Ent-Hemmung der Hemmung)." nun

3. Ent-Hemmung der Hemmung bzw. Nicht-Ausführung der Hemmung
  - Nach einer Reizpause nach einer Wiederholungsserie löst der Reiz die Reaktion wieder aus, dessen Gewöhnung dann weniger Wiederholungen benötigt (Ent-Hemmung der Hemmung).
  oder
  - Ohne Reizpause: Nicht-Ausführung der Hemmung unter kognitiver Absicht.

Ich sehe ein Paradoxon: Einerseits sind wir laufend am Lernen, andererseits eingetaucht in Gewohnheiten. Wie ist das möglich? Wohl nur, weil es keine wiederholende Gewohnheit an sich gibt, denn auch diese variiert fein und wenn es nur durch die Veränderung der Umwelt oder der Sprache mit Wortwahl und Ausdruck ist.

1.2 Wie bzw. wann kann gelernt werden und warum wird gelernt? (Fokus auf Lernbedingungen; zukunftsbezogen)

Wahrnehmung (s. auch perzeptuelles Lernen S. 13)
Lernen ist nach Staehle (1. 1991, zitiert nach Gaiser, 2003; 2. Staehle, 1991) von Wahrnehmung und selektiver Informationsverarbeitung abhängig. Auslöser von Lernprozessen kann die Wahrnehmung einer Diskrepanz zwischen tatsächlicher und erwarteter Leistung sein (Gaiser, 2003).
→ Ergänzung: Das Merkmal „Wenn sich entsprechende Wahrnehmungsfähigkeiten ausgebildet haben."
→ Ergänzung: Unter „Wann hat man gelernt?" das Merkmal „Wenn eine Diskrepanz zwischen tatsächlicher und erwarteter Leistung wahrgenommen wird."

Informelles Lernen überwiegend nach Brodowski et al. (2009)

Studien weisen daraufhin, dass 70% in Betrieben einerseits im informellen Lernen liegt (vgl. Dohmen 2001) und andererseits ein Transfer des schulisch Erlernten in beruflichen und alltäglichen Situationen geringer als erwünscht ist (träges Wissen). Werden bekannte Lerntheorien dennoch angewendet, aber mehr implizit als explizit?

Seit den 1990er gibt es in Deutschland die Agenda 21, die im Zuge des lebenslangen Lernens nachhaltig ein Bildungsbewusstsein entwickeln soll. Die Gesellschaft soll Kompetenzen erwerben, ihre Umwelt einerseits entsprechend ihrer Bedürfnisse mit Rücksicht auf die Nachkommen aktiv zu gestalten und andererseits die Verantwortung auch erkennen zu können. An Bedeutung gewinnt das Lernen außerhalb formaler und informaler Einrichtungen wie durch Fernsehen, Kultur, Internet, Arbeitsplatz und persönliche Kommunikation = informelles Lernen. Diese Prozesse verlaufen latent und schonen körperliche Ressourcen. Lernen über Erfahrung bzw. ein Lernen bei der Arbeit ist nach Dohmen (2001) die als älteste Lernform. Je komplexer und überlasteter die moderne Umwelt v.a. durch abstraktes Fachwissen wird, um so weniger ist sie rational-regelhaft und die Menschen orientieren sich ad hoc an die jeweils erlebte Situation. Durch Reflexionen sollen informelle Prozesse in realen Anforderungssituationen bewusster eingesetzt werden (vgl. auch Molzberger, 2002) und führten zu Projektarbeiten in den Schulen (Dohmen, 2001). Jedoch wird der Zugang zu implizitem Wissen eines Individuums und die allgemeine Nutzung eher verhindert als gefördert (Güldenberg, 1999). Dohmen (2001) bemerkt aber auch, dass Fähigkeiten wie Neugier, Kreativität, Ausdauer, Frustrationstoleranz, Kooperation, Kommunikation, Flexibilität, Verantwortungsgefühl, Anpassung, Umsetzung nicht theoretisch gelernt werden können, da sie langfristige Entwicklungen unter Erfahrungen erfordern.

→ Sammlung von Merkmalen zu „informelles Lernen" überwiegend nach Brodowski et al. (2009)

- Kern: unabhängig von Intention und Bewusstheitsgrad (implizit; vgl. auch Molzberger, 2002)
- Kern: um Probleme zeitnah lösen zu können als natürliches, primäres Erfahrungslernen abgegrenzt zu pädagogisch arrangiertem Erfahrungslernen (Dohmen, 2001).
- selbstgesteuert; wird nicht verbalisiert; ist nicht träge

→ Teil-Auswahl von Merkmalen zu einer Schablone „Aktualisierte Lerntheorien aus Sicht um anno 2000":
„Wie bzw. wann kann gelernt werden und warum wird gelernt?"

- Unabhängig von Intention und Bewusstheitsgrad, um selbstgesteuert Probleme zeitnah lösen zu können.

selbstgesteuertes Lernen überwiegend nach Landmann und Schmitz (2007)

→ Sammlung von Merkmalen

Meta-Lernen: Wie kann der Lernprozess selbst gestaltet werden?

- Ist anzuleiten.
- Selbstwirksamkeit als Erwartung.
- Selbstbestimmung als intrinsische Motivation: bedeutsam für Zielsetzung.
- Handlungen werden als Kosten erlebt wie Schwierigkeit, Zeitaufwand und diese einem erwarteten Nutzen gegenüber gestellt (Reflexion).
- Reflexion des Erfolges und Nicht-Erfolges durch Soll-Ist-Vergleich.
- Vorwissen, Orientierungswissen und Selbstlernkompetenz erleichtern das selbstgesteuerte Lernen (Büning, 2012).

Dennoch bei komplexen Themen ist eine didaktische Strukturierung durch Dritte wie durch eine Lehrkraft besser geeignet als eine Eigensteuerung (Büning, 2012).

→ Teil-Auswahl von Merkmalen zu einer Schablone „Aktualisierte Lerntheorien aus Sicht um anno 2000":

„Wie bzw. wann kann gelernt werden und warum wird gelernt?"

- Abhängig von Vorwissen und Bewusstheit für Strategien, Anreizen zur Motivation, Relevanz von Informationen, Erwartungen, Zielen, Intention und Reflexion, um selbstgesteuert den Lernprozess zu gestalten. Ggf. unter gerichteter Aufmerksamkeitsorientierung angeleitet durch andere.

1.3 Wo kann gelernt werden? (Fokus auf „Organisationales Lernen" überwiegend nach Gaiser, 2003) beinhaltet:

- Wann hat man gelernt?
- Wie bzw. wann kann gelernt werden und warum wird gelernt?

Dem Begriffspaar „organisationales Lernen" wird attribuiert, dass sich lernende Organisationen positiv verhalten. Jedoch lernen nach Krebsbach-Gnath (1. 1996, zitiert nach Gaiser, 2003; 2. Krebsbach-Gnath, 1996) schon immer alle Unternehmen, nur nicht alle funktional. Büning (2012) schreibt, dass die Lern-Orientierung konkreter nach dem sinnvollen Tempo und Zielrichtungen auszurichten ist.

Nach Ökonomen haben Emotionen und Motivationen kaum Relevanz für ein Handeln, auch weil es stets intrinsische und parallel extrinsische Faktoren geben wird. Ein rationales Handeln ist traditionell in westlichen Gesellschaften ein unhinterfragtes Ideal, weswegen ein Handeln nach Gefühl irrational sei und als Sklave von Leidenschaften mit Rationalität unvereinbar erschien (vgl. auch Gieseke, 2007). Inzwischen hatten Organisationen ein Interesse entwickelt, wie Mitarbeiter motivierbar sein könnten.

Der Mitarbeiter sollte zunächst die Ziele des Unternehmens als eigene Ziele annehmen (vgl. auch Pöppel, 2008) und effizient verfolgen. Hat man sich mit den Zielen identifiziert, stellt sich nach Pöppel (1. 2008, zitiert nach Büning, 2012; 2. Pöppel, 2008) die Frage nach der Motivation nicht mehr, welches wohl erfunden wurde, weil die Menschen die Ziele häufig nicht kennen oder verstehen und ihnen daher Antriebskraft fehle. Auch Spitzer (1. 2006, zitiert nach Büning, 2012; 2. Spitzer, 2003) meint, dass man Menschen nicht motivieren kann, da sie motiviert sind: Hunger stelle sich von alleine ein und lässt sich nicht motivieren bzw. beibringen. Nach Büning (2012) ist die Frage nach der Demotivation ergiebiger.

Das Handeln von Individuen in Organisationen wird sich jedoch nicht über Regeln vollständig planen lassen. Genauso, wie es eine Illusion ist, dass sich die Mitglieder die Ziele zu ihren eigenen machen. Nach den Handlungsregulationstheorien müsste hinter jedem Individuum eine Kontrollinstanz sofort Störungen melden.

Nach Büning (2012): Für die Zukunft hat das arbeitsplatznahe Lernen wieder höhere Relevanz, um sich schnell an Umweltveränderungen im Wettbewerb anpassen zu können. Eine positive Einstellung von Mitarbeitern zum Lernen müsste am besten bereits vorliegen, was nicht immer der Fall ist. Gaiser (2003) setzt seinen Schwerpunkt, um die Lernbereitschaft zu fördern auf die Interessenlage des Individuums, die konform zum Unternehmen zu aktivieren wäre.

→ Teil-Auswahl von Merkmalen zu einer Schablone „Aktualisierte Lerntheorien aus Sicht um anno 2000":

- Wann hat man gelernt?
  - Wenn Gewohnheiten verlassen werden (Gaiser, 2003).
  - Die Organisationskultur mit verwurzelten Denk- und Verhaltensweisen sind zu beachten, um Widerstände zu verstehen und ggf. zu vermeiden (Krebsbach-Gnath, 1996). → Gewohnheiten verlassen.
- Wie bzw. wann kann gelernt werden und warum wird gelernt?
  - Vorab dem Lernen der Gruppe selbst muss das Individuum gelernt haben, ohne dass es sich automatisch auf die Gruppenebene auswirkt (Gaiser, 2003; Senge, 1996).
  - Lernbereitschaft wie eine positive Einstellung zu Lernen (Büning, 2012).
  - Meist parallel extrinsische und intrinsische motivationale Faktoren (Gaiser, 2003).
  - Förderung der Lernbereitschaft durch andere; z.B. durch Aktivierung von Interesse (Gaiser, 2003).

20

- Relevante Informationen erschließen, sammeln, aufbereiten, zugänglich halten (Gaiser, 2003; vgl. auch Güldenberg, 1999 mit Wissensmanagement als Wettbewerbsvorteil).
- Bewusst Ziele der Organisation kennen, verstehen und mit den Zielen des Individuums abstimmen (Gaiser, 2003; 1. Pöppel, 2008, zitiert nach Büning, 2012; 2. Pöppel, 2008).
- Zug-um-Zug in der jeweiligen Situation (z.B. arbeitsplatznah; alltagsnahe Projekte in den Schulen) lernen (Büning, 2012).
- Lernen ist ein positiv attribuierter Prozess (Gaiser, 2003).
- Abhängig von der neuronalen Anpassung: Unter zu hohen Spannungen, die u.a. zu Stress und Abwehr führen und unter zu niedrigen Spannungen kann nicht funktional gelernt werden (Krebsbach-Gnath, 1996).
- Funktional oder dysfunktional (Krebsbach-Gnath, 1996). Dysfunktional: Z.B. verhindert eine meist fehlende Fehlerkultur (sich Fehlern konstruktiv gemeinsam stellen), eine erforderliche Anpassung (Büning, 2012).

In diesen beschriebenen Theorien (Gaiser, 2003) kommt eine viel höhere Komplexität als in klassischen Lerntheorien zum Vorschein. V.a. die Problematiken, das Individuum zu funktionalem Lernen zu aktivieren: z.B.

- Sättigende Gehaltserhöhung → Gewohnheitsbildung: Gewöhnung/Hemmung der erwarteten Reaktion.
- Nach Krebsbach-Gnath (1996) ist der Kommunikationsaufwand (vgl. auch Gärtner, 1992) als Lösungsmechanismus bei Krisen zu beachten und einzuplanen, um Widerstände zu verändern → Gewohnheiten über Kognition (Sprache) verlassen.
- Wahrgenommener Zeitdruck (vgl. auch Gärtner, 1992), der zu einseitigen Entscheidungen führt, die dann zu Blockaden und Widerständen bei Mitarbeitern führen (Krebsbach-Gnath, 1996).
- Durch die Organisationskultur ist man verwurzelt in Denk- und Verhaltensgewohnheiten (Krebsbach-Gnath, 1996).

2. 1. Version: End-Auswahlen von Merkmalen aus den allgemeinen Definitionen zu „Was ist Lernen?" zu einer Schablone „Aktualisierte Lerntheorien aus Sicht um anno 2000":

1. End-Auswahl: „Wie bzw. wann kann gelernt werden und warum wird gelernt?"
(Lernbedingungen; zukunftsbezogen)

- Vorab dem Lernen der Gruppe selbst muss das Individuum gelernt haben, ohne dass es sich automatisch auf die Gruppenebene auswirkt.
- Lernbereitschaft wie eine positive Einstellung zu Lernen.
- Förderung der Lernbereitschaft durch andere, z.B. durch Aktivierung von Interesse.
- Meist parallel extrinsische und intrinsische motivationale Faktoren.
- Relevante Informationen erschließen, sammeln, aufbereiten, zugänglich halten.
- Wenn sich entsprechende Wahrnehmungsfähigkeiten ausgebildet haben.
- Abhängig von der neuronalen Anpassung: Unter zu hohen Spannungen, die u.a. zu Stress und Abwehr führen und unter zu niedrigen Spannungen kann nicht funktional gelernt werden.
- Unabhängig von Intention und Bewusstheitsgrad, um selbstgesteuert Probleme zeitnah lösen zu können.

oder

- Abhängig von Vorwissen und Bewusstheit für Strategien, Anreizen zur Motivation, Relevanz von Informationen, Erwartungen, Zielen, Intention und Reflexion, um selbstgesteuert den Lernprozess zu gestalten. Ggf. unter gerichteter Aufmerksamkeitsorientierung angeleitet durch andere.
- Bewusst Ziele der Organisation kennen, verstehen und mit den Zielen des Individuums abstimmen.
- Zug-um-Zug in der jeweiligen Situation (z.B. arbeitsplatznah; alltagsnahe Projekte in den Schulen) lernen.
- Lernen ist ein positiv attribuierter Prozess.
- Funktional oder dysfunktional. Dysfunktional: Z.B. verhindert eine meist fehlende Fehlerkultur (sich Fehlern konstruktiv gemeinsam stellen), eine erforderliche Anpassung.

1. End-Auswahl: " Wann hat man gelernt?" *(vergangenheitsbezogen)*

- Wenn die wiederholte Übung oder wiederholte wie einmalige Erfahrungen einer Situation
  - zu einer Ausbildung entsprechender Wahrnehmungsfähigkeiten führen.
  und
  - zu einem Zuwachs von explizitem und implizitem Wissen führen.
  und

22

o sich zukünftig in beobachtbaren ggf. dauerhaften Veränderungen im Verhalten durch Abgleich zweier Zustände zeigen (Können).

oder

o zu Veränderungen von Verhaltensmöglichkeiten führen (Dispositionen/Potential). Wenn sie sich z.B. später automatisch ohne Absicht in verbesserten Wahrnehmungsleistungen zeigen. Oder wenn früher einmalig und kurz dargebotene Reize unbewusst später aus fremden Reizen wiedererkannt werden.

o Wenn eine Diskrepanz zwischen tatsächlicher und erwarteter Leistung wahrgenommen wird.

o Wenn Gewohnheiten verlassen werden. So ist z.B. die Organisationskultur mit verwurzelten Denk- und Verhaltensweisen zu beachten, um Widerstände zu verstehen und ggf. zu vermeiden.

- Nach wiederholenden Gewohnheitsprozessen.

1. Gewohnheitsbildung durch S-R-Wiederholung (→ S-R-Automatismus als Bereitschaft):

   o Dem Reiz folgt gewöhnend die kausale Reaktion.

   o Nun auch als Bereitschaft für automatisiertes Verhalten.

   o Die Gewohnheit selbst kann dann zum Ziel werden.

   o Ist der Reiz durch Wiederholung vertraut/bekannt, wird er positiv beurteilt.

2. Ein wiederholter Reiz kann dazu führen, dass die kausal bekannte und verlässliche Reaktion nicht mehr erfolgt (Hemmung des Automatismus).

   Wird der vertraute Reiz zu sehr massiert dargeboten, folgt eine affektiv negative Reaktion.

   Dieser Prozess bildet ebenfalls eine Gewohnheit aus.

   o automatische Habituation/Gewöhnung

   oder

   o Gewohnheiten bewusst verlassen, die schon dadurch zu Veränderungen führen. Unter kognitiver Absicht folgt nach S eine andere Reaktion oder ein anderer Stimulus für dieselbe Reaktion.

3. Ent-Hemmung der Hemmung bzw. Nicht-Ausführung der Hemmung

   o Nach einer Reizpause nach einer Wiederholungsserie löst der Reiz die Reaktion wieder aus, dessen Gewöhnung dann weniger Wiederholungen benötigt (Ent-Hemmung der Hemmung).

   oder

   o Ohne Reizpause: Nicht-Ausführung der Hemmung unter kognitiver Absicht.

3. Lern- und Handlungstheorien

3.1 Allgemein

Die Akzeptanz und Nachhaltigkeit von Theorien hängt u.a. davon ab, ob sich Inhalte mit Erwartungen decken werden. So wollten die Menschen weder mit Tieren gleichgesetzt werden noch sich als von außen manipulierbar fühlen. Nach Pöppel (2008) hat der Mensch Sehnsucht nach Einfachem und kann den Blick für das Ganze verlieren. Nach Büning (2012) wird der Ruf nach Einfachem stets lauter, je komplizierter die Welt erscheint. Senge (1996) hat das systemische und gemeinsame Denken von Mitarbeitern in Dialogen statt pro-contra-Diskussionen für Veränderungsprozesse in den Vordergrund gestellt, um das Ganze bzw. den Zusammenhang verstehen zu können. In Diskussionen kommt nach Güldenberg (1999) ein argumentativer Wettbewerb in Gang, indem einzelne Meinungen aus der Menge, um neues Wissen zu erzeugen, verpasst werden.

3.2 Warum gibt es Lerntheorien?

Der Mensch hat seit Ewigkeiten den Wunsch Wissens- sowie Fertigkeitenerwerb zu erleichtern und unerwünschtes Verhalten zu verändern. Selg (1978) schreibt, dass Lernprinzipien instrumental in der Erziehung und Entwicklung von Kindern dringend gebraucht werden. Damit diese Instrumente nicht missbraucht werden, befürwortet er die kontroverse offene Diskussion von Lerntheorien, die so als Kontrollinstanz beobachtet, welche Wirkung die Theorien haben und ggf. ein Einschreiten herausfordern.

Aktuell bzw. Feldtransfer:

- Informelles und implizites Lernen verstehen, akzeptieren und für Nutzung erschließen.
- Organisationales Lernen bringt Individuum und Gesellschaft über Wirtschaft zusammen.
- Verhaltens-Therapieverfahren: mit Verstärkern.
- Suche von Lernmechanismen in der Erziehung und Pädagogik.
- Selbstwirksamkeit nach Bandura als Theorie in der Gesundheitspsychologie (Bodenmann, Perrez & Schär, 2011).
- In der Werbung wird gemäß der Gestaltpsychologie mit Vorder- und Hintergrundmechanismen stimuliert (Bodenmann, Perrez & Schär, 2011).
- Lohnsysteme als Verstärker in Unternehmen (Staehle, 1991).
- Neurotransmitter-Medikation für psychische Prozesse.

- Klassisch Konditionieren (KK)
  - Adrenalin wird mit einem Brausebonbon wiederholend gepaart bis das Bonbon alleine dieselbe Wirkung zeigt. Das Ziel ist, Medikamente v.a. bei Autoimmunerkrankungen und gegen Abstoßungen nach Organtransplantationen zur Immunsuppression durch das Bonbon ohne Nebenwirkungen ersetzen zu können. (1. Meier et al., 2002, zitiert nach Bodenmann, Perrez & Schär, 2011; 2. Exton, Gierse, Goebel, Meier & Schedlowski, 2002).
  - Die Sympathie ist über die KK erklärbar: Wird man von einem fremden Gegenüber angelächelt, wird die Person mit sozialer Zuwendung gekoppelt. Die Person, die ursprünglich ein neutraler Stimulus war, wird zu einem positiv konditioniertem Stimulus. Auch ein neutrales Schulfach kann attraktiv werden, wenn die Lehrkraft den Unterricht spannend gestaltet. Die positiven Emotionen der Lehrkraft koppeln sich mit dem Schulfach, so dass das Schulfach alleine positive Gefühle auslöst und einen Anstieg der Motivation bewirkt. (Bodenmann, Perrez & Schär, 2011).
  - Biofeedback, indem innere Vorgänge wahrnehmbar gemacht werden und somit willkürlich regulierbar sind (Bower & Hilgard, 1983).

3.3 Auswahl von Merkmalen zu einzelnen Theorien

Ausgearbeitet wurden Kerne und Besonderheiten, aus denen wichtige Merkmale in die End-Auswahlen zu „Was ist Lernen?" übertragen wurden.

3.3.1 Klassisch Konditionieren (KK)

Überwiegend nach Wells (1976): Pawlow differenzierte die neutralen Reize als „psychische Reizung", da die Sinne nicht direkt gereizt werden, aber dennoch zu einer Erregung der Drüsen führen. Psychische Reize sind Reize der Distanz wie Geräusche in der Umgebung, Größe, Farbe, Sprache, während physiologische Reize durch das Futter im Maul des Hundes über chemische Eigenschaften und Strukturen empfunden werden und zu Speichelreaktionen als Reflex führen. Die psychischen Reize wirken als Signale, um auf zu erwartende Bedrohungen hingewiesen werden zu können, ohne direkten Kontakt zu ihnen haben zu müssen und so das Überleben sichern. Damit der psychische Reiz (sensorische Signale 1. Ordnung) wirken kann, sind Bedingungen erforderlich wie Hunger als innere Bereitschaft (nach Thorndike: Trieb; später als Bedürfnis benannt; Heckhausen & Heckhausen, 2010; Thorndike, 1930/1970; Wells, 1976). Denn eine bloße Wiederholung von S-R reicht nicht (Thorndike 1930/1970).

→ Unter „Wie ..." statt das Merkmal „Meist parallel extrinsische und intrinsische motivationale Faktoren." nun „Meist parallel extrinsische und intrinsische motivationale Faktoren als Bereitschaft und/oder als Verstärker. Die Erwartung einer verstärkenden Konsequenz erhöht die Bereitschaft." (siehe auch Operante Konditionierung/OK).

Die Menschen unterscheiden sich von den Tieren, da sie über die Sprache als 2. Ordnung von Signalen verfügen: Schon ein Wort z.B. „warm" kann dieselbe Reaktion auslösen wie die Wärme selbst, sogar das Reale überlagern und eine warme Reaktion auslösen, obwohl man mit Kälte konfrontiert wurde (nach Experimenten von Bykow, 1953, 1. zitiert nach Wells, 1976; 2. Bykow, 1953).

→ Sammlung von Merkmalen (überwiegend nach Wells, 1976)

Die Buchstaben dienen der Orientierung zu den später folgenden Kritiken, um keine Rangfolge in Reihenfolge zu suggerieren.

a. Kern: Behavioristisch ist tatsächliches Verhalten im Feld als Gegebenes zu beobachten, um die vorausgehenden Bedingungen auf Reaktionen beziehen zu können (Selg 1978). → Ergänzung: Unter „Wann … " um „Die Schlüsse sollen von mehreren Beobachtern konform nachvollziehbar sein" (Watson 1930/1984).

b. Kern: → Ergänzung: Unter „Wann …" das Merkmal „Gewohnheitsbildung …" um „Ersatz eines Reizes (UCS) durch einen anderen Reiz (NS → CS) unter bestimmter Intensität, um dieselbe Reaktion auszulösen = S-S-Verbindung wird wiederholt" (ursprünglich nach Pawlow: angeborener Reflex wird zum bedingten Reflex konditioniert). Die Gewohnheit wird instabil, wenn die Konditionierung nicht wiederholt wird (Watson 1930/1984).

c. Jegliche S-R-Verbindung kann Lernen erklären (Guthrie). Eine vergangene S-R-Verbindung (assoziativ durch zeitliche und räumliche Nähe) zieht beim 2. Auftreten des S die R aus Gewohnheit nach sich (Guthrie zitiert nach: Bower & Hilgard, 1983; Petermann, Petermann & Winkel, 2006; Selg, 1978; Zumkley-Münkel, 1976). → Unter „Wann …" werden einmalige und wiederholte Erfahrungen voneinander getrennt. Findet sich in den Merkmalen „einmalige Erfahrungen" und in der „Gewohnheitsbildung durch S-R-Wiederholung" wieder.

d. Zusätzlich war das Ziel von Watson (1930/1984) über gezielte Reizsetzung ein bestimmtes Verhalten bei Menschen zu kontrollieren - mechanische S-R-Verbindungen aufzubauen (vgl. auch Edelmann & Wittmann, 1978/2000; Wells, 1976). Z.B. geschieht dies durch Gehaltserhöhung (Staehle, 1991; Watson, 1930/1984), um Leistungsverhalten zu beeinflussen, was beobachtbar wäre. → Wiederzufinden unter „Wie …" im Merkmal „Meist parallel extrinsische und intrinsische motivationale Faktoren …". Die Grenze der Vorhersage spiegelt sich im Wort „kann" von „…kann gelernt werden …" und unter „Wann …" im Merkmal „Gewohnheitsprozesse … 2." wider.

e. Zusätzlich wollte Watson zu bekannten Reizen gesichert eine Vorhersage von Reaktionen übertragend auf den Menschen treffen (Edelmann & Wittmann, 1978/2000; Watson 1930/1984).

→ Siehe hierzu unter „Wann …" unter dem Merkmal „Gewohnheitsprozesse … 2.". Auf S muss nicht automatisch die erwartete R erfolgen.

f. Ursprünglich nach Pawlow: Zusammenhänge müssen von Tieren nicht erkannt werden (Schulte, 2005), da man biologische/angeborene Reflexe durch einen willentlich gewählten bisher neutralen Reiz, statt des kausal natürlichen Reizes, auslöste (biologischer Reflex = automatische Prozesse ohne Lernen nach Petermann, Petermann & Winkel, 2006).

g. Im Alltag: Nach Edelmann und Wittmann (1978/2000) finden sich im Alltag oft bewusstseinsunabhängig Verknüpfungen von zwei zeitlich gepaarten Reizen, während der eine den anderen ersetzen kann. Z.B. nimmt bei einem Banküberfall der Zeuge Gerüche (NS) wahr, die später als Hinweisreiz/Signal (CS) ein selbiges Unwohlsein (CR) (Geruch wird assoziiert/ verbunden mit Unwohlsein) wie beim Banküberfall (Unwohlsein beim Banküberfall als UCR) bedingt auslösen. Solche im Alltag gelernten Angstreaktionen schwächen sich kaum ab (entgegen SS-Lerntheorien, wenn die Paarung zweier Reize nicht wiederholt wird). Dto. Watsons Experiment mit Albert und der Ratte.

h. Bedingte Reflexe verbinden sich mit angeborenen, unbedingten Reflexen und bilden verschmolzene Reflexe zu einer unteilbaren funktionellen Einheit = komplexe Reflexhandlungen. So können angeborene von erlernten nicht mehr auseinander gehalten werden.

Kritische Anmerkungen bzw. Übertrag zu den Merkmalen

Zu b: Wo ist der Sinn dieser Konditionierung, wenn die Konditionierung nicht lange wirkt - entgegen der Alltagserfahrung v.a. bei Negativ-Erfahrungen unter g? Ein Hinweis darauf, dass nicht S-S-Wiederholungen gelernt werden, sondern eine Erwartung wie von Futter als Belohnung. Da das Futter zu Speichel (UCR/angeborene Reaktion) führt, wie lässt sich ausschließen, dass es nicht die Paarung der Reize ist, sondern wiederum das Futter, dass zu Speichel (CR) führte, weil der relevante Reiz erkannt wird oder folgend Futter erwartet wird? Es wird ja nur draus geschlossen, wenn der CS alleine gegeben wird, dass die Konditionierung durch vorherige Paarung erfolgte und durch die Steigerung der Stärkenreaktion unter NS + UCS und der Erinnerung nach einer Pause. Könnte die Steigerung einfach an einer Verstärkung des bereits ausgelösten Speichels durch eine Schreckreaktion wegen eines unangenehmen neutralen bzw. noch fremden Reizes (z.B. Ton) erfolgen?

CS: Ton → CR: Speichel (nicht langfristig, schwächt sich ohne UCS ab)

oder

CS: Ton → CR: Speichel → Futter

Unklar ist, wann Futter jeweils gegeben wird und welche Wirkung es in welchem Zeitabstand noch hat. Die Futtergabe, die später auf jeden Fall folgte, kann noch als erwartete belohnende Konsequenz wirkenden Einfluss haben. Auch könnte bei Tieren die Freiheit die anfängliche Belohnungssituation gewesen sein, denn eine folgende Futtergabe bewirkte bei diesen Tieren ein schnelleres Erreichen relevanter Verhaltensweisen als ohne anschließende Futterbelohnung (Thorndike zitiert nach Güldenberg, 1999). In der Klassischen Konditionierung (KK) ist Futter UCS und in der Operanten Konditionierung (OK) eine Konsequenz nach einer Reaktion. Ist die KK eine OK? Ohne, dass der Zusammenhang von Pawlow erkannt wurde, da die KK nur unter dem UCS stabil ist?

→ Die erwartete Belohnung scheint mir ein Auslöser für die CR zu sein (siehe OK). Findet sich unter „Wann …" im Merkmal „einmalige Erfahrung" wieder, ergänzt um „Es kann eine bewusste wie unbewusste Erwartung entstehen.".

Da Pawlow selbst durch die zufällige Beobachtung folgend Mechanismen erwartete, wusste er, dass die Bedingungen für den Erfolg des Experimentes klar und begrenzt sein müssen. Er lernte Zusammenhänge herzustellen und zu variieren, die zu schnell sichtbaren Erfolgen führten und von jedermann nachgeahmt werden konnten. In Labor-Experimenten v.a. klassischer Konditionierungsart können Lernprozesse schnell inszeniert werden, die sich im Alltag über längere Zeiträume erstrecken würden (Sader, 1996). Außerdem sind in der Stille kontrollierte Reizgebungen hoch kontrastreich wie nicht im Alltag (Straus, zitiert nach Schulte, 2005).

Zu c: Die Feststellungen, dass wir laufend lernen, dieses sich im Gehirn durch veränderte Synapsenverbindungen bestätigt und jegliche S-R-Verbindung ein Lernen erklärt, sind so einfach, dass diese Aussagen für Alltagssituationen mit konkreten Inhalten zum Vorstellen und Verstehen gefüllt werden müssen. Zumal auch ein Lernen bei Nicht-Reaktion einer erwarteten Reaktion oder bei S-S-Verbindungen angenommen wird.

Nach Angermeier (1983) ist der Assoziationsansatz ein mechanischer, der ohne Denken erfolgt. Jedoch löst ein S aus einer S-R-Verbindung nicht automatisch und generell R aus dieser Verbindung aus, sondern die Assoziation löst die Erinnerung einer Verbindung aus, wenn der Reiz in dem Moment eine Bedeutung hat: Z.B. assoziiere ich einen Brief (Reiz), den ich einwerfen möchte, mit einem Briefkasten (Einwurf = Reaktion). Jedoch löst nicht jeder gesehene Briefkasten aus, dann dort einen „fiktiven" Brief einwerfen zu müssen. Lewin verstand Guthrie und andere Assoziationspsychologen so, dass dann die Ausführung auch erfolge, was nach Pawlow nicht gemeint ist (Pawlow, 1973).

Auch gibt es trotz Nähe von Raum und Zeit (Kontiguität) gibt es keine Assoziations-Verbindung zwischen S-R, wenn konkurrierende Reize vorhanden sind. Z.B. im Fahrstuhl hängen bleiben als noch neutraler Stimulus führt zur Atemnot, wird aber nicht klassisch konditioniert, weil es zusätzlich zur Atemnot eine positive Erfahrung gibt, wenn sich zwei Personen umarmend beruhigen, die zur Aufhebung/Interferenz der negativen Erfahrung mit dem Fahrstuhl führt (Bodenmann, Perrez & Schär,

2011). Zukünftig folgt im Fahrstuhl keine Atemnot. → Findet sich unter „Wann ...“ im Merkmal „Gewohnheitsprozesse ... 2.“ wieder.

Es wurde erkannt, dass Konsequenzen eine weitere Rolle neben Kontiguität spielen (Bower & Hilgard, 1983).

Zu f: Anfangs wird womöglich kein Zusammenhang (Einsicht) erkannt, aber gerade Werbung zeigt, dass sie fallende Wirkung hat und immer neuere Effekte „erfunden“ werden, um in die Aufmerksamkeit zu gelangen. Außerdem wurde wohl nicht zwischen bewusster und automatischer Einsicht unterschieden. Tolman beobachtete evtl. neue Verhaltensweisen der Ratten, weil diese durch die von ihm vorgegebene Umgebungsveränderung erst möglich waren. Diese kognitive Fähigkeit der Landkarte wäre demnach erst im Experiment entstanden bzw. nützlich geworden (hat sich als Fähigkeit herausgebildet; erst durch variantenreiche Auswahlmöglichkeiten war dies dem Tier möglich geworden) und Zusammenhänge konnten hergestellt werden. Staehle (1991) und Güldenberg (1999) schreiben, dass sich im Langzeitgedächtnis subjektive Repräsentationen nach Tolman als Karte bilden (vgl. auch Petermann, Petermann & Winkel, 2006; Selg, 1978), welche handlungsrelevant werden und wenn diese in einer neuen Situation noch keine gute Gestalt bilden, bildet der Organismus eine antizipierte Erwartung aus (S-O-R-Theorie; handlungstheoretischer Ansatz). Die Erwartungen werden durch Erfahrungen in der Umwelt bestätigt und dadurch die Erwartung verstärkt (vgl. auch Tolman, zitiert nach Güldenberg, 1999). → Findet sich unter „Wann ...“ im Merkmal „zu einer Ausbildung entsprechender Wahrnehmungsfähigkeiten führen.“ wieder. Ergänzt um „Wenn sich Repräsentationen bilden.“

Zu g: An diesem Beispiel von Edelmann und Wittmann findet im Alltag eine Konditionierung ohne Wiederholung statt, die sich sogar kaum selbständig abschwächt. Bei Angstübertragungen wirken Erfahrungen im Alltag auch ohne die Angstsituation selbst (UCS) noch lange nach und sind ohne Gegenkonditionierung weitgehend löschungsresistent. Jedoch sind gegenüber der SS-Lerntheorie Wiederholungen der Reizpaarungen erforderlich. Ein weiterer Widerspruch zur erforderlichen Wiederholung ist, dass nach Gerrig und Zimbardo (2004) auch eine einmalige Paarung reichen kann: Ein Saccarin als NS hatte nach einmaliger Paarung mit dem UCS eines Enzyms *alleine* als CS zu einer Immunreaktion geführt. So widersprach auch Guthrie, dass der Lernprozess durch die Wiederholung stattfindet. Er wird bereits mit der ersten erfolgreichen Verbindung durch Kontiguität von Raum und Zeit Gewohnheit. (Bodenmann, Perrez & Schär, 2011; Petermann, Petermann & Winkel, 2006).

Exton, Meier, Gierse, Goebel und Schedlowski (2002) erklären konkreter diverse Forschungen zur Immunfunktion: Viren als UCS führen zu einer Vermehrung von Leukozyten, ebenso wie ein zuvor gepaarter NS, indem die Haut vor der Vireninjektion angekratzt wird, dann als CS ebenfalls zur

Vermehrung von Leukozyten führt. Im Labor von Ader wurde bei einem Geschmacksaversionstraining ein Saccarin mit einer Substanz als UCS gepaart, die gastrointestinale Beschwerden verursacht, welches das Saccarin dann alleine auslöste. Das Tier mied bei Darbietung des CS zukünftig das Getränk.

Diese Experimente führten zu negativen Wirkungen und folgend zu Vermeidungen, wenn diese möglich waren und das auch bereits nach der 1. Paarung. Während positive Konsequenzen mehrmals wiederholt werden müssen und sich wieder abschwächen, wenn die Paarung nach einer Pause nicht wiederholt wird. Die Umkehrschlüsse, weil Saccarin als CS zu Beschwerden führt und es dann einen ähnlichen Rückweg geben müsste, die Beschwerden durch Reizauslöserersatz abzubauen, sehe ich skeptisch, zumal eine Paarung immer wieder wiederholt werden müsste, wenn sie positiv wirken soll.

→ Es ist daher sinnvoll, Konsequenzen zu differenzieren. Unter „Wie …“:

- Zusammenhänge bewusst wie unbewusst (automatisch vom Organismus) erkennen:
  - o Durch Erwartungen/Konsequenzen

    Entweder

    - Positive Konsequenz/Erwartung (Belohnung/Erfolg oder Wegfall einer Bestrafung/UCS) → Nach Wiederholungen stabil solange immer mal wieder eine Belohnung gegeben wird. Ist wegen Sättigung und individueller Empfindung nicht generell vorhersagbar.

    oder

    - Negative Konsequenz/Erwartung (Belohnung oder Wegfall einer Belohnung) → Führt entweder zukünftig zur Meidung, wenn dies möglich ist oder bleibt weitgehend löschungsresistent.

    Beides kombiniert:

    - Positive und negative Konsequenzen wechseln in einer Situation ab.
      - Voraussehbare Konsequenz: Durch den Zusammenhang wird „Vertrauen“ gelernt.
      - Nicht voraussehbare Konsequenz. Also auch gegenläufig zu erwartende wie eine Bestrafung bei mal richtigem oder mal falschem erwünschtem Verhalten. Gelernt wird „nicht vertrauen“.

      Ausschluss - Abgrenzung: Ein Zusammenhang kann nicht erkannt werden.

→ Ergänzung: Unter „Was hat man gelernt?“ das Merkmal „Vertrauen/nicht vertrauen“.

→ Ergänzung bzw. Erweiterung: Unter „Wann …“ das Merkmal „einmalige Erfahrungen“ um:

- Erwartungen
  - o Es kann eine bewusste wie unbewusste subjektive Erwartung auf positive oder negative Konsequenz auch ohne Selbsterfahrung *entstehen*. Siehe auch „Gewohnheitsbildung“.

→ Ergänzung: Unter „Wann …“ das Merkmal „Gewohnheitsbildung“ um:

o Wiederholende R-S-Gewohnheiten von Konsequenzen auf eine bestimmte Reaktion als bewusste oder unbewusste Erwartung.

- Ist die gewohnte Konsequenz negativ, kann diese frühestens ab der 2. möglichen Wiederholung auf die Reizgebung mit einer anderen Reaktion beantwortet werden (→ meiden/Nicht-Reaktion als Gewohnheit) - s. 2. Die R-S-Gewohnheit wiederholt sich durch antizipierende Vorstellung, die nicht zur Ausführung kommen muss.
- Ist die gewohnte Konsequenz positiv, kann auf den Reiz die Reaktion folgen, wenn auch die Belohnung hin und wieder folgt und gewollt ist - s. 2.

Die Klassischen Konditionierungen erklären zu wenig konkret, wie in den Experimenten die Belohnung und/oder Bestrafung in Beziehung zueinander angewendet werden. Nach Angermeier (1983) sind positive Erwartungen schwerer zu untersuchen als negative wie Furcht vor aversiven Reizen/Situationen, außerdem benötigt der Mensch viele positive Erfahrungen und muss negative Bedrohungen meiden, indem er nach Signalen/Hinweisen sucht. Pawlow scheint eher die positiven Verbindungen („Futter haben" statt Prozesse des „meiden wollen") in Veröffentlichungen hervorgehoben zu haben.

Zu h: Es macht also Sinn nicht zwischen angeborenen Reflexen und ersetzten nicht-angeborenen Reflexen zu unterscheiden. In folgenden Experimenten auf Pawlows wurde bewiesen, dass der angeborene Speichelreflex erlernbar unterdrückbar ist (Bower & Hilgard, 1983), was womöglich auch mit dem Patellarreflex möglich sein könnte. Würde man dies konditionieren wollen, wird das Ergebnis ein anderes sein, je nachdem, ob ein Zusammenhang bekannt ist bzw. wird oder nicht. Tatsächlich konnte Bechterew (1926) den Patellarreflex sogar allein über einen Ton auslösen.

3.3.2 Lernen am Erfolg nach Thorndike: Übergang zwischen KK und OK (Petermann, Petermann & Winkel, 2006)

Lernen am Erfolg, indem Thorndike auf den zufälligen Erfolg durch Versuch und Irrtum der Tiere im Experiment setzte (Watson 1930/1984). Ist ihnen Einsicht nicht möglich, müssen sie nach trial-and-error handeln (Selg, 1978). Thorndike (1930/1970) ging davon aus, dass man nicht genug Zeit hätte, vorab gebildete Vorstellungen wiederzuholen, um danach handeln zu können. Er schloss dies daraus, dass Befragte keine Erinnerungen über Vorstellungen hatten bzw. beschreiben konnten, wenn sie automatisierte Prozesse wie Schwimmen, ausführten. → Ergänzung unter „Wie ..." das Merkmal „Der Erfolg ist ohne Einsicht (keinen Zusammenhang erkennen) möglich und kann zufällig erfolgen. Z.B. Zug-um-Zug in der jeweiligen Situation (z.B. arbeitsplatznah; alltagsnahe Projekte in den Schulen) lernen."

Nach Köhler lernt der Affe in Ruhephasen ohne Aktivität, indem es plötzlich menschliche Einsicht ohne Versuchs- und Irrtums-Prozesse erlangt. Nach Pawlow (1973) sind dies Assoziationen aus Vorerfahrungen/Bekanntem mit Neuem und als Denken einzustufen, indem sich Wahrnehmungen ausbilden, die durch Erfolge differenzierter werden. (vgl. Well, 1976).

Ein reines Versuch-Irrtum-Handeln gibt es nach Staehle (1991) nicht, da es durch die Repräsentationen ein Vorwissen einerseits gibt und andererseits Erwartungen antizipiert werden, wenn eine neue Situation noch keine gute Gestalt bildet. Daher muss konkreter zwischen bewusst und unbewusst unterschieden werden. Bzw. deutlich gemacht werden, dass Zusammenhänge bewusst oder unbewusst (vom Organismus selbst) erkennbar sein können. Beim Affen sind Zusammenhänge womöglich unbewusst hergestellt worden und sind dann kurz ins Bewusstsein gekommen. → Ergänzung des obigen Merkmals um „bewusst" in „Der Erfolg ist ohne bewusste Einsicht (keinen Zusammenhang bewusst erkennen) möglich und kann zufällig erfolgen." (siehe auch „Lernen durch Einsicht").

Die Bereitschaft zur Wiederholung einer erwünschten Reaktion steigt, wenn die erwünschte Reaktion positive Konsequenzen einer Belohnung unter einer Rückmeldung der Richtigkeit erhält (Thorndike 1930/1970). → Ergänzung: Unter „Wie …" das Merkmal „Zusammenhänge … erkennen … um „Allgemein … Z.B. wenn man Rückmeldungen über den Richtigkeitsgrad seines Verhaltens erhält.".

3.3.3   Operant Konditionieren (OK)

Neuere Version nach Angermeiers (1983) operanter Lerntheorie (vergleichende Forschung unter Spezies), die sein Team wieder aufwerten und aktualisieren möchte:

Sein Team sieht den Schwerpunkt der meisten Lerntheorien auf der Ausführung von Verhaltensänderungen durch Beobachtung eines definierten Erfolges (eine Futterentnahme als Erfolg unterstellen ohne zu prüfen, ob das Futter tatsächlich gefressen wurde) ohne den Lernvorgang selbst zu beobachten und zu erklären. Um Lernprozesse festzustellen, darf das Tier die gestellte Aufgabe bisher nicht kennen. Zufällig löst es das Problem. Bei Wiederholungen von Reaktions-Konsequenz-Sequenzen zeigt sich durch Vorwissen die Abnahme irrelevanter Bewegungen (durch neuronal synaptische Hemmung), die ausgezählt werden und aus der eine Verstärkung, die nicht beobachtbar ist, geschlossen wird. Jede Spezie hat eine eigene Mindest-Verstärkungsanzahl, die dann erwartet werden. Durch den Abbau wird die Verbindung klarer und die Figur hebt sich vom Hintergrund (der irrelevanten Verhaltensweisen) ab. Statt der traditionellen Annahme, dass die Wiederholung relevanter Verhaltensweisen durch Verbindung von Reaktion und bestimmter Konsequenz zur Gewohnheit mit Lerneffekt führt.

Das Team von Angermeier erkannte u.a., dass die Beanspruchung des Zentralnervensystems für das Futterverhalten je nach Tierklasse variiert. Das Nahrungsverhalten ist für primitivere Organismen wichtiger als für höher entwickelte Arten. Sie können Aufgaben mit Futterverstärkung schneller lösen, weil sie einen leichteren und schnelleren Zugang zu gespeicherten Informationen haben und ihr Verhaltensrepertoire geringer ist. So ist die Anzahl der Mindest-Verstärkung bei ihnen niedriger. Umso mehr konkrete Auswahlmöglichkeiten ein Tier wie ein höher entwickeltes, hat, weiterhin bedingt durch seinen motorischen Spielraum (Ein Affe mit vier Händen hat mehr Möglichkeiten als ein Hund, mit Gegenständen zu hantieren; Pawlow, 1973.) und seinen Lebensraum, umso mehr sensorischen Input erhält es, welches von einer Entscheidung ablenken kann (Schulte, 2005; vgl. auch Selg, 1978). So brauchen später entwickelte Organismen wie Säugetiere und Vögel (Razran, 1971, zitiert nach Angermeier, 1983) mehr Wiederholungen der verstärkten Verhaltensweisen wie ältere und weniger entwickelte Fische und Insekten. Wenn Tieren mehr Handlungsspielraum möglich ist und sie den Raum überschauen können, können sie auch durch Einsicht lernen (Schulte, 2005; vgl. auch Groeben & Scheele, 1977).

Eine Tierklasse zeigt sogar keine einheitlichen Verhaltensweisen, dessen Varianzanteil größer als zwischen den Spezies sein kann, einfach durch Anpassung an ökologische Nischenunterschiede. Da die Tiere ihr Verhalten an die Umgebung anpassen, kann auch ein Artenvergleich Gesetzmäßigkeiten nicht eindeutig finden lassen.

Unter Konsequenzen zeigen die Tiere häufiger Lernprozesse als unter einem Beobachtungslernen, welches jedoch kaum kontrolliert werden kann, da Tiere zum Beobachten bisher kaum motiviert werden konnten und außerdem ein individuelles Neugierverhalten zeigten. Niedere Tiere ahmen mehr nach als höhere wie Affen, was Watson auf hemmende Impulse durch höhere Intelligenz schiebt (Bechterew, 1926).

→ **OK: Übertrag von Merkmalen** zu einer Schablone „Aktualisierte Lerntheorien aus Sicht um anno 2000":

a) Wann hat man gelernt? → *Übertrag in die 2. End-Auswahl*

- Spiegelt sich im Merkmal „zu einer Ausbildung entsprechender Wahrnehmungsfähigkeiten führen" wider. → Ergänzung: z.B. Irrelevantes ausschließen können; Entwicklung der Zugangsart zu Speicherungen im Gehirn (generell und Tempo) abhängig von der Spezie.
- Dass die Reaktions-Konsequenz-Verbindung zur Gewohnheit führt, deckt sich mit der Annahme, dass ein Lernen generell durch S-R-Verbindungen stattfindet und erlaubt keine differenzierte Aussage. Jedoch hat die Hemmung von Gewohnheiten einen bedeutenderen Lerneffekt, da

Zusammenhänge bewusst wie unbewusst (vom Organismus automatisch) hergestellt werden, die nachhaltiger wirken.

→ Die laufenden S-R-Verbindungen spiegeln sich im Merkmal „einmalige Erfahrungen" wider. Ergänzung: „Es werden laufend neue S-R-Verbindungen hergestellt."

→ Die Hemmung spiegelt sich im Merkmal „Gewohnheitsprozesse … 2." wider.

→ Ergänzung: Das Merkmal „Nach wiederholtem Versuch und Irrtum unter Abbau irrelevanter Verhaltensweisen und/oder Wiederholung relevanter Verhaltensweisen."

b) Wie bzw. wann kann gelernt werden und warum wird gelernt? → Übertrag in die 2. End-Auswahl
→ Ergänzungen:

- Abhängig von dem motorisch- und sensorisch-individuellem Potential.
- Abhängig von den Bedingungen im Lebensraum sowie vom Zeit- und Energieaufwand.
- Abhängig vom Zugang zu Speicherungen im Gehirn (generell und Tempo).

In der Arbeit von Angermeier geht es nur um die Spezie Mensch, dessen Mindest-Anzahl von Verstärkern mit höher entwickelten Organismen vergleichbar sein könnte und demnach mehr Verstärkungen benötigt als primitivere. Da es aber auch einmalige Verbindungen mit Lernfaktor einerseits gibt, ist der Aspekt der Mindest-Verstärkungen für eine allgemeine Lerntheorie zwar interessant, aber nicht hoch relevant, da nach Güldenberg (1998, 1. zitiert nach Liebsch, 2011; 2. Güldenberg, 1999) letztendlich alle Tiere in Futter-Experimenten erfolgreich gewesen sind. Andererseits würde dies erklären, dass der Mensch ein Ziel nicht selten auch unter Beibehaltung irrelevanter Verhaltensweisen erreicht. Ganz banal, aber häufiges Alltagserleben: Ein Tasse Kaffee einschenken (Ziel) und nebenbei Klönen, sich umschauen und an einer Kette um den Hals spielen. Es ist dennoch funktional, da der Zeitfaktor oder Irrelevantes i.d.R. keinen störenden Stellenwert haben wird. Der Punkt der Funktionalität ist in der End-Auswahl bereits enthalten. → Ergänzung: Unter „Wie …" um „Subjektive Einschätzung, ob ein Prozess oder ein Ergebnis funktional oder dysfunktional ist."

Klassische Version:

Kern: Auf eine Reaktion folgt zeitlich nah eine belohnende oder bestrafende Konsequenz als Verstärkung. Diese extrinsische Verstärkung wird wiederholt, um folgend schneller und zielgerichteter einen relevanten Stimulus aktiv auszulösen und eine erwünschte Reaktion zu erhalten. Anfangs wird eine Reaktions-Verstärkungs-Verbindung gespeichert, die durch Wiederholung zu einer Reiz-Reaktions-Verbindung als Gewohnheit wird (Angermeier, Bednorz & Schuster, 1984). Entspricht Guthries Sicht, dass jeweils eine S-R-Verbindung gelernt wird. Siehe unter KK zu „c". → Findet sich unter „Wann …" im Merkmal „einmalige Erfahrungen … Es werden laufend neue S-R-Verbindungen hergestellt" wieder. Die Verstärkung durch die Wiederholungen scheint eine gelernte Erwartung zu sein, wenn der Zusammenhang erkannt wird (Bruder, 1982). → Ergänzung: Unter „Wie …" das Merkmal „Zusammenhänge … erkennen … Allgemein" um „Aufkommende Fragen/Lücken/Offenes haben den Drang zur Klärung und Schließung."

Nach Skinner wird gelerntes Verhalten nicht unter gleichen Reizen automatisch ausgeführt. Ein Kind gehorcht unter Strafandrohung zwar dem Vater, aber nicht der Mutter (Edelmann, 1978/2000). S muss also nicht zur vertrauten R führen, sonder *kann* dazu führen. Hier wird deutlich, dass es exakte Gewohnheiten und Wiederholungen verlässlich nicht gibt. → Bestätigt die Trennung unter „Wann …" des Merkmals „Gewohnheitsprozesse" in den Folgen von 1. + 2. → Unter „Wie …" Im Merkmal „Zusammenhänge … erkennen" wiederzufinden. Ergänzt um:

Mit Wirkung auf das zukünftige Verhalten:

- Indem sich zu dem Zusammenhang konform verhalten wird.

oder

- Indem sich zu dem Zusammenhang gegensätzlich verhalten wird.

Neues Verhalten kann nur über Verstärkung durch eine folgende Konsequenz gelernt werden (Petermann, Petermann & Winkel, 2006). → Ergänzung unter „Was …" um:

Neues Verhalten kann über … gelernt werden:

- Verstärkung durch eine folgende Konsequenz
- Bandura: Lernen am Modell (wird später ergänzt)

3.3.4 Lernen durch Einsicht

Über Wahrnehmung, Erkennen und Nachdenken können Einsichten kommen (1. Staehle, 1991, zitiert nach Gaiser, 2003; 2. Staehle, 1991). Über gezielte Soll-Ist-Vergleiche können Probleme erkannt und modifiziert werden (Gaiser, 2003). → Unter „Wie …" in den Merkmalen „Abhängig von Vorwissen …" und „Zusammenhang … erkennen" wiederzufinden, erweitert um „Zusammenhänge … erkennen/Lernen durch Einsicht ohne Zufall:". Ergänzt unter „Allgemein" um „Durch Soll-Ist-Vergleiche." und das vorhandene Merkmal „Z.B. bewusst Ziele der Organisation kennen, verstehen und mit den Zielen des Individuums abstimmen." ergänzt.

Lernen durch Einsicht ist möglich, wenn komplexere Probleme nicht durch Versuch und Irrtum lösbar sind. Plötzlich werden Zusammenhänge erkannt und eine Lösung konkret ausgeführt. Unerledigte Situationen werden als lückenhaft erlebt mit dem Drang sie zu einer guten Gestalt zu schließen (Wahrnehmungsgesetz). (Bodenmann, Perrez & Schär, 2011; Petermann, Petermann &

Winkel, 2006; Schulte, 2005). Erklärbar ist dieser Effekt auch mit dem „Lernen durch Erfolg" (OK durch intrinsische Motivation), indem die Problemlösung durch Vorerfahrungen erkannt wird und sich mit einem Gefühl der Erleichterung nach einer Spannung verbindet (Petermann, Petermann & Winkel, 2006; Selg, 1978; vgl. auch Staehle, 1991). → Ergänzung: Unter „Was ..." das Merkmal „Neues Verhalten ..." um „Einsicht (bewusstes oder unbewusstes Erkennen von Zusammenhängen)".

3.3.5 Nachahmung überwiegend nach Borch und Stäheli (2009); Tarde (1890/2009)

Der französische Philosoph Gabriel Tarde erlangte Respekt durch seine Kriminalitätstheorien aus denen er 1890 universelle (zeitlich und kulturell) Gesetze für eine allgemeine Soziologie ableitete, um jede gesellschaftliche Veränderung darüber erklären zu können. Er definierte eine soziale Gruppe als Wesen, die sich gegenseitig nachahmen oder nachahmten und sich deshalb ähnlich sind. Soziales Verhalten ist nicht originell, sondern wird durch Nachahmungen von Nachahmungen bestimmt (Borch & Stäheli, 2009). Beruht auf Wiederholungen, die variiert werden. Die Ausführung des Beobachteten wird dem Modellverhalten nur durch wiederholte Übung ähnlicher (Petermann, Petermann & Winkel, 2006). → Ergänzung: Unter „Wann ..." das Merkmal „Gewohnheitsbildung ..." um „Jede Wiederholung ist keine exakte Kopie, sondern variiert und wird konform konstruiert. Jedoch wird die Ausführung nur durch Wiederholung untereinander ähnlicher."

So sind Verbrechen in der Masse, die von sonst seriösen Individuen begangen werden, nicht angeboren. Moebius (2009) hebt hervor, dass nach Tarde die wiederholende ansteckende Nachahmung passiv ist. Keller (2009) erklärt, dass nach Tarde die Wiederholung beim Menschen über Fernwirkung durch einen zerebralen Negativ funktioniert. Czarniawska (2009) beschreibt die Nachahmungs-Bedeutung für Tarde als zentralen Mechanismus, damit sich Personen verbinden können. Die Bedeutung eines Nachahmungs-Phänomens war auch den Sozialwissenschaften bewusst, jedoch war der Begriff „Nachahmung" seinerzeit der Entwicklung von Kindern vorbehalten. Tarde (1890/2009) wurde kritisiert, den Begriff „Nachahmung" zu sehr auszuweiten, während er sich über den Output rechtfertigte: Für ihn ist es unerheblich, ob die Nachahmung bewusst oder unbewusst unter eigenem oder durch aufgezwungenem Willen erfolgt, da ein bewusstes Wollen zur automatisierten unbewussten Gewohnheit wird, während die Handlung dieselbe ist. Es ist unerheblich, dass die Nachahmung überwiegend unbewusst erfolgt, da sich Nachahmungen nicht durch die subjektive Intention einzelner erklären lassen. Bewusste Nachahmungen sind sogar ein Störfaktor, da sie nicht geschmeidig sind (Borch & Stäheli, 2009).

Tarde verwies darauf, dass neben der Nachahmung, dasselbe eines Vorbildes zu tun oder zu sagen auch die Gegen-Nachahmung, indem Wesen das Gegenteil eines Vorbildes tun, Nachahmung ist und zu sozialen Ähnlichkeiten führt.

Auch wenn Tarde die Nachahmung als hauptsächlich beschreibt, wies er darauf hin, dass soziale Beziehungen so unterschiedlich und häufig sind, dass sie sich nicht nur durch Nachahmung entwickeln; geht darauf dann nicht mehr ein.

Ähnliche Verhaltensweisen können auch ohne Nachahmung hervorgerufen werden (Baer, Peterson & Sherman, 1976). → Ergänzung: Unter „Was … " einzeln aufgelistet die Merkmale „Ähnlichkeiten bzw. subjektiv Exaktes durch Lernen am Modell bzw. von einer Vorstellung (Bewusst oder unbewusst) – siehe „Neues Verhalten … Lernen am Modell"; „Gewohnheiten"; „Erwartungen".

Tarde benennt im Zusammenhang mit Nachahmung die „Erfindung" als elementare soziale Handlung, die bei Akzeptanz bestrebt ist, sich auszudehnen (logisch begründbares Bedürfnis). Bevor nachgeahmt wird, ist durch Begehren und Überzeugung eine Idee als Vorstellung im Einzelnen (des Erfinders: von innen, psychologisch) entstanden, die einerseits gegensätzliche Ideen hervorruft (auch durch Begehren und Überzeugung) und dessen Neugierde andererseits ansteckend ist, bis sich klare Modelle etablieren und sich ein Gleichgewicht von Überzeugungen einpendelt und die Umsetzung nach außen stattfindet (nun soziologisch). Ohne kommunikativen Kontaktaustausch wäre dieser Prozess nicht möglich. Den modernen Kommunikationsmöglichkeiten seiner Zeit wie dem Telegraphen und dem Telefon, schreibt er eine hohe Bedeutung für die rasche Angleichung von Individuen zu, die schneller zunehmen wird als die Ungleichheit es verhindern könnte. Jedoch sind außerlogische Einflüsse wie Leichtgläubigkeit und Folgsamkeit stärkere Nachahmungs-Bedingungen als die logischen Gesetze. Jedes soziale Band entsteht, indem das Kind das Bedürfnis hat, seinem Vater zu gehorchen. Das Ansehen dieser Person gibt einem Orientierung, indem die Fähigkeiten dieser Person geglaubt werden und das Bedürfnis entsteht, es nachzuahmen. Eine verliebte Nachahmung wird durch innere Überzeugung begleitet, während eine nur äußere Nachahmung ohne Liebe aus Neid entsteht. Liebe scheint den Willen zur unendlichen Nachahmung zu erklären, sonst würde man monotone Wiederholungen beenden. Lange leben Erfindungen nebenher bis sie zu einer neuen Erfindung miteinander verknüpft werden; z.B. Dampfkolben und Wagen bis man damit einen Wagen in Bewegung versetzen konnte. Die Nachahmung, die ansteckend gegenseitig wirkt, breitet die Entwicklung der Gesellschaft schnell weiter aus, da eine Erfindung stets auf eine andere fußt und nicht von vorne beginnt.

Tarde sieht eine Chance für die Sozialwissenschaft durch die Wiederholungen und Ähnlichkeiten in der Gesellschaft, die Verhaltensweisen von Menschen zu sehen und somit messen zu können - ohne gäbe es keine Vergleiche und Zusammenhänge. Bisher konzentrierten sich Soziologen und Historiker weniger auf monotone Tatsachen dieser Art, obwohl der Soziologe bedingt aus diesen Zusammenhängen Vorhersagen treffen kann. Denn die Gesetze wirken (bedingt), solange es nicht eine spontane Unterbrechung wie z.B. eine Revolution gibt. Auch ein Botaniker kann nach Tarde

(1890/2009) gesichert biologisch kausal den Blütenverlauf beschreiben, aber dann nicht mehr, wenn sie spontan durch einen Wettereinfluss zerstört wird. Antoine (2009) sieht in der Kunst ein ewiges Werden, in der eine Erfindung nicht rückgängig gemacht werden kann: Die Imitation wird durch neue Erfindungen immer wieder gebrochen, sonst gäbe es eine Stabilität von grenzenloser Ähnlichkeit, deren Variationen aber eine Vorhersage unmöglich machen.

Die Soziologie von Tarde, die reduktionistisch und mechanistisch ausgerichtet sei, unterlag dem Franzosen Durkheim mit dem sich durchsetzenden holistischem und rationalistischem Ansatz, dass nach Aristoteles das Ganze mehr als die Summe der Einzelnen ist (Lüdemann, 2009). Durkheim kritisierte das unwissenschaftliche Arbeiten von Tarde, erlangte Akzeptanz und verdrängte Tarde. Nach Latour (2009) war es Tarde seinerzeit nur noch nicht möglich, Daten zum Beweisen zu sammeln, was heute u.a. über das Internet möglich ist, da Interaktionen detailliert verfolgt werden können. Latour ist auch der Meinung, dass man sich nicht an den Begriff „Nachahmung" aufhängen solle, der durch modernere Metaphern ersetzbar wäre. Dennoch sehen Borch und Stäheli (2009) ein Aufleben: Tardes Soziologie als Katalysator für ein neues soziologisches Denken.

→ Übertrag von Merkmalen überwiegend nach Tarde (1890/2009) zu einer Schablone „Aktualisierte Lerntheorien aus Sicht um anno 2000":

- Logisch ist ein Bedürfnis nach Erfindung, die im Einzelnen als Vorstellung entsteht, welche durch Neugierde ein absichtsvolles Begehren auslöst und durch Überzeugung beständiger wird. 1. Idee (psychologisch innen) und 2. Ausdruck/Handeln (soziologisch nach außen): → Unter „Was …" das Merkmal „Neues Verhalten … Lernen am Modell" ergänzt um „Lernen am Modell bzw. von einer Vorbild-Vorstellung … 1. Beobachtung eines Modells, indem sich eine Vorstellung herausgebildet hat oder Vorstellung eines Vorbildverhaltens - ohne Ausführung."

- Vorheriges Merkmal untergliedert in
  - Direkte Beobachtung eines Modellverhaltens.
  - Verbale Erklärung durch ein Modell.
  - Annahme über das gewünschte Vorbildverhalten eines Dritten als Vorstellung.

- Logisch entscheidet man sich für die nützlichste Erfindung, die jedoch weniger Nachahmung hervorruft im Vergleich zu außerlogischen Einflüssen wie Leichtgläubigkeit (Überzeugung nachahmen) und meist folgend Folgsamkeit (Begehren nachahmen), welche in der Kind-Vater-Beziehung entstehe. Liebe und daraus heraus Leichtgläubigkeit ist die Grundlage als Wille zur unendlichen Nachahmung. → Der Mensch hat mehrere Bedürfnisse, die individuell situativ wie zeitlich variieren. Findet sich neutral unter „Wie …" in den Merkmalen „Lernbereitschaft wie eine positive Einstellung zu Lernen" und „Meist parallel extrinsische und intrinsische motivationale

Faktoren ..." wieder. Unter „Was ..." das Merkmal „Neues Verhalten ... Lernen am Modell" nun ergänzt um „2. Ähnliche Nachahmung durch Orientierung an andere".

- Durch wiederholte Nachahmungen und Gegen-Nachahmungen (die nicht biologisch oder physikalisch sind), die variieren, werden sich Subjekte ähnlicher. → Ergänzung unter „Was ..." das Merkmal „Neues Verhalten ..." um „Gegen-Nachahmung, wenn das Gegenteil von Vorbildern oder einem vorgestelltem Vorbildverhalten getan oder gesagt wird. Setzt bewusste oder unbewusste Kenntnis über das Nachzuahmende voraus." → Dass es durch Nachahmungen zu Ähnlichkeiten kommt, ist logisch. Da diese jedoch keine exakten Kopien sind, Ergänzung unter „Was ..." das Merkmal „Neues Verhalten ..." um „Jede Nachahmung als Wiederholung ist keine exakte Kopie, sondern variiert und wird konform konstruiert."

- Soziale Beziehungen sind nicht nur durch Nachahmung gekennzeichnet. → Findet sich unter „Was ..." im Merkmal „Neues Verhalten ..." wieder.

- Soziales Verhalten wird durch wiederholende passive (nicht rationale, sondern spontane) Nachahmung bestimmt, die sogar über Fernwirkung (Keller, 2009) ohne sich zu kennen und nachahmen zu können, ansteckend ist, da Menschen ähnliche Bedürfnisse haben. → Spiegelt sich unter „Wie ..." im Merkmal „unabhängig von Intention und Bewusstheitsgrad ..." wider.

- Über die Nachahmung ist es dem Menschen möglich, sich zu verbinden. Die gegenseitige Kommunikation mit immer schnellerem/modernerem Austausch ermöglicht und beschleunigt die Nachahmung und Angleichung. → Unter „Wie ..." das Merkmal „Durch kommunikativen Austausch abhängig von der Medienwelt und dem Tempo." und das Merkmal „Zusammenhänge erkennen ... Allgemein" um „Durch argumentative Kommunikation mit sich selbst oder mit anderen reziprok wirkend." ergänzen.

- Die Gesellschaft entwickelt sich rasant weiter, da jede akzeptierte Erfindung Basis der nächsten ist und Erfindungen verknüpft werden, so dass nicht von vorne begonnen wird. Die Ausdehnung verliert jedoch gleichzeitig an Aufschwung, da ein Anwachsen mehr Energie benötigt und eine Kompensation nur durch Bewegungsverlust möglich ist. Durch Gewohnheiten kommt es zu erfindungsarmen Phasen. → Findet sich unter „Wann ..." im Merkmal „Gewohnheitsprozesse ... 1. + 2." wieder.

3.3.6 Banduras Lernen am Modell überwiegend nach Bandura (1976 und 1979)

Nach Bechterew (1926) ist die Nachahmung, die am meisten erforschte Erscheinung, die sich bei Mensch und Tier findet. Nach Sader (1996) wurden abgeschaute und ebenfalls ausgeführte Verhaltensweisen „Nachahmung" oder „Imitation" genannt und als angeboren (instinktives, automatisches Vorgehen) angesehen. Thorndike (1930/1970) sieht in der Nachahmung einfach eine

Lust darauf, das zu tun, was andere tun, was Aufmerksamkeit erfordere. Ein Nachahmungsversuch ist also eine Folge von Lust, der nach ihm nicht zu Ähnlichkeiten führen muss. Dennoch verkennt Thorndike (1930/1970) nicht, dass es bestimmte Phänomene sofortiger Imitation gibt:

- Lachen, wenn andere lachen.

- Hinschauen auf das, was andere betrachten.

- Horchen, wenn andere horchen.

- Verstummen, wenn andere verstummen.

Auch wenn diese automatisch zu erfolgen scheinen, so wissen wir auch, dass wir diese durch elterliche Aufforderungen bzw. Hinweise gewöhnend lernen können.

Nach Zumkley-Münkel (1976) beschrieben Assoziationstheoretiker um 1920 die Imitation als gelerntes Phänomen, wenn man vorher gelernt hatte, sich selbst zu imitieren.

Später v.a. durch Bandura setzten sich für „Nachahmung ..." die Begriffe „Lernen am Modell" und „Beobachtungslernen" durch. Nicht nur durch eigene Erfahrung, sondern auch durch Beobachtung wird gelernt (Bandura, zitiert nach Güldenberg, 1999).

Unterstellt man einen Lesetrieb, da viele Menschen dieselbe oder eine ähnliche Tageszeitung lesen, kann damit aber nicht erklärt werden, wann, wie lange und in welcher Reihenfolge sie diese lesen werden. Einen Nachahmungstrieb anzunehmen, erklärt dann auch nicht, warum er mal wirkt und mal nicht; so hemmen kognitive Absichten, z.B. ein aggressives Verhalten eines Kindes gegenüber anderen Kindern wird nicht bei seinen Eltern trotz gleicher Bedingungen ausgeführt. Außerdem wird Verhalten nicht nur durch die Umwelt von außen gesteuert wie angenommen. Vorausgehende Anreize und erwarteter Nutzen beeinflussen außerhalb von Trieben das Verhalten. (Bandura, 1979).

Nach Harris (2002) besteht die Sozialisation von Kindern darin zu lernen, sich nicht so, wie die Eltern zu verhalten und sie nicht nachahmen zu sollen: Die Kinder lernen v.a. auch von ihrer Peer. Kinder ahmen sich untereinander mehr nach als Erwachsene, da ihre Persönlichkeit noch schwach ausgebildet ist (Bechterew, 1926). → Auch ein Nicht-Nachahmen ist ein Verhalten, ob bewusst oder unbewusst und setzt Wissen (explizit oder implizit) über das Nachahmungspotential voraus, welches sich in den Lerntheorien kaum wiederfindet. Bandura erwähnt es, aber erklärt dazu keine eigene ausgearbeitete Theorie. → Findet sich unter „Was ..." im Merkmal „Neues Verhalten ... Lernen am Modell ... 1. Beobachtung ... ohne Ausführung" ergänzt um „Auch z.B. eine Nicht-Nachahmung, die bewusste oder unbewusste Kenntnis über das Nachzuahmende voraussetzt." und unter „Wann ..." im Merkmal „zu einer Ausbildung entsprechender Wahrnehmungsfähigkeiten führen. Z.B. Wenn sich Repräsentationen bilden." wieder.

Kognitiven Prozessen wurde kein Stellenwert eingeräumt, da sie als nicht erforschbar galten. Bandura begann dennoch das Beobachtungslernen von der Ausführung des Beobachteten zu unterscheiden, während es in der operanten Konditionierung erst als erlernt gilt, wenn es zu einer Ausführung kommt. Ein Modellhandeln ist bereits erlernt, wenn man es nach einer selektiven Aufmerksamkeit detailliert beschreiben kann. Lernen kann so sichtbar gemacht werden. → Ergänzung: Unter „Wann ..." das Merkmal „... von Beobachtungen beschrieben werden können - unabhängig von einem Potential zur Ausführung." Der Anreiz zu beobachten, wird erhöht, wenn man weiß, dass das Modell stellvertretend belohnt wird (Bandura zitiert nach Brömer & Brömer, 2010). Extrinsische Verstärkungen für die Ausführung sind zwar förderlich, aber nicht notwendig, denn Selbstbekräftigungen als Verstärker (ist von Bandura später ergänzt worden zitiert nach Scheele, 2006; erkannte auch Skinner zitiert nach Edelmann, 1978/2000) wie z. B. Ziele setzen oder Hilfen erstellen, haben eine höhere Bedeutung als Triebe oder Umwelt. Nach Pöppel (2008) verstärkt man sich selbst (operante Konditionierung): „Ich denke nach und verstehe. Dieses Erfolgsgefühl verstärkt mich, beim nächsten Mal wieder *vorher* nachzudenken.". Kognitive Prozesse und der Abgleich von Erwartungen beeinflussen mit, wie selektiv wahrgenommen (Bandura 1979) und entschieden wird, welches ein Voraussehen erfordert (Pöppel, 2008). Der Mensch entscheidet letztendlich, welche Bedingungen auf ihn verstärkend wirken. → Ergänzung: Unter „Wie ..." das Merkmal „Zusammenhänge erkennen ... Erwartungen" um „Abgleich von Erwartungsvarianten unter unterschiedlichen subjektiven eigenen Schlüssen zu einem Zusammenhang" und das Merkmal „Meist parallel extrinsische und intrinsische motivationale Faktoren ..." um „unter eigener Entscheidung, welche Konsequenz akzeptiert wird (Selbst-Kontrolle). Selbstbekräftigungen als Belohnung haben die höchste Priorität." Verstärkungstheorien können nämlich nicht erklären, wieso nachgeahmt wird, wenn es keine Verstärkung gab oder die Nachahmung mit zeitlicher Distanz zur Beobachtung erfolgt.

Ich selbst habe Erfahrungen durch wiederholte Beobachtungen von Kindern gemacht, die für mich wichtige Erkenntnisse liefern, ohne dass ich sie jemals trotz Lernen am Modell/Beobachtungslernen je zur Ausführung bringen wollte, sondern Gelerntes aus der Beobachtung verstehen kann. Die Trennung des Lernprozesses in Beobachten und Ausführen ist daher nachvollziehbar. → Ergänzung: Unter „Wann ..." das Merkmal „einmalige Erfahrungen" um „Ein Reiz (hier: die Beobachtung) führt nicht zu einer direkten Ausführungs-Reaktion, sondern zirkuliert, indem der Reiz zur Reaktion wird (hier: Weiter-Beobachtung); z.B. eine Beobachtung.".

Es gibt Kinder, die Modelle beobachten, es aber nicht nachahmen, obwohl sie wollen und/oder können, es sich aber nicht trauen. Sie sind sich bewusst, dass eine 1:1-Nachahmung nicht möglich ist und wollen bei der übenden Ausführung nicht auffallen, da ihnen auch bewusst ist, dass Beobachter ihr Übungsverhalten mit einem Modell abgleichen können. Findet sich u.a. unter „Wann ..." im Merkmal „zu Veränderungen von Verhaltensmöglichkeiten führen ...", im Merkmal „Einmalige Erfahrungen ... Ein Reiz führt nicht zur erwarteten Reaktion." und im Merkmal „Gewohnheitsprozesse ... 2." wieder.

→ Übertrag von Merkmalen überwiegend nach Bandura (1976 und 1979) zu einer Schablone „Aktualisierte Lerntheorien aus Sicht um anno 2000":

- Kern: Lernen ohne Verstärkung und ohne Selbsterfahrung nur durch Beobachtung, v.a. bei neuem Lernen. → Findet sich unter „Wann ..." in den Merkmalen „einmalige Erfahrungen" und „Wenn beobachtete Ähnlichkeiten zum Ähnlichen im Beobachter führen." und unter „Was ..." im Merkmal „Neues Verhalten ... Beobachtung eines Modells ... ohne Ausführung" wieder. Neu: „Ähnliche Nachahmung ..." um „unabhängig vom Zeitpunkt und einer unmittelbaren Belohnung".

- Die Umwelt kann aktiv beeinflusst werden. Person und Umwelt beeinflussen sich reziprok. → Spiegelt sich v.a. unter „Wie ..." in den Merkmalen zu den Lernbedingungen wider.

- Eine emotionale Beziehung zwischen Modell und Beobachter fördert das Beobachtungslernen. Das Modell muss glaubhaft sein und persönliche Betroffenheit auslösen (Petermann, Petermann & Winkel, 2006), um Aufmerksamkeit zu erlangen und aufrecht zu erhalten. → Findet sich unter „Wie ..." im Merkmal „Meist parallel extrinsische und intrinsische motivationale Faktoren ..." wieder. Es beschreibt konkreter den extrinsischen Faktor.

- Die Nachahmung erfolgt nicht automatisch, auch nicht unter Verstärkung. Kognitive Absichten hemmen die Ausführung von Beobachtungen und sind somit selbst regulierbar. → Findet sich unter „Wann ..." im Merkmal „Gewohnheitsprozesse ... 2." wieder.

- Im Alltag wird nicht exakt nur ein Modell nachgeahmt, sondern mehrere Modelle beobachtet und Verhaltensweisen dieser kombiniert zu neuen Verhaltensweisen. → Unter „Was ..." das Merkmal „Neues Verhalten ..." geändert: Statt „Jede Nachahmung als Wiederholung ist keine exakte Kopie, sondern variiert und wird konform konstruiert." nun „Jede Nachahmung als Wiederholung ist keine exakte Kopie, sondern variiert, wird kombiniert mit mehreren Beobachtungen und konform konstruiert." Dto. unter „Wann ..." im Merkmal „Gewohnheitsbildung".

Warum wird gelernt? (kann hier fokussierter herausgearbeitet werden)

- Geeignet, um komplexe Verhaltensweisen schnell neu zu lernen (Bodenmann, Perrez & Schär, 2011; Selg, 1978) und schwerwiegende Konsequenzen zu vermeiden. Neues kann nach Bandura nicht unter Verstärkung, sondern nur unter Beobachtung erlernt werden. → Da die Forschungen geteilter Meinung sind, sind mehrere Möglichkeiten unter „Was ..." im Merkmal „Neues Verhalten ..." aufgelistet. Nun ergänzt um „Wiederholter Versuch oder Irrtum mit dem Risiko schwerwiegender Konsequenz".

- Ein Modell, dass dem Beobachter z.B. in Eigenschaften oder Fähigkeiten ähnlich ist (dem Real- oder auch Ideal-Bild nach Scheele, 2006), wird eher nachgeahmt als ein unähnliches Modell (Petermann, Petermann & Winkel, 2006). → Findet sich unter „Wann ..." im Merkmal

„Gewohnheitsbildung" wieder. Denn, um Gewohnheiten zu bilden, muss der Organismus Reiz und Reaktion zusammenbringen, wenn ein Automatismus folgen soll. Die Ähnlichkeit wird durch Abgleich von Repräsentationen vom Organismus erkannt.

- Modelle mit Prestige, Macht und besonderen Fähigkeiten wurden nach Bandura bevorzugt nachgeahmt, v.a. wenn sie der Belohnungsträger waren, solange das Verhalten befriedigend war.
  → Spiegelt sich wider unter „Wie ..." im Merkmal „Meist parallel extrinsische und intrinsische motivationale Faktoren ...".

3.3.7 Differenzierung: Formen von Beobachtungslernen nach Hoffmann (2008)

- Soziales Lernen von Verhalten nach Bandura (unbewusst).
- Erkenntnisgewinnung durch gerichtete Beobachtung, die im Schulunterricht bedeutsam ist (angeleitete Beobachtung) (Hoffmann, 2008).

Bei allgemeinen Beobachtungsaufgaben kann jeder seiner Perspektive folgen, so kommt es zu unterschiedlichsten Reaktionen von einer Gefühlswahrnehmung bis hin zu anderen Beschreibungen z.B. von Gesehenem, Gerochenem oder Gehörtem. Um eine sachbezogene Beobachtungsfähigkeit zu fördern und allmählich detaillierter auszubilden, ist die Aufmerksamkeit durch verbale Hinweise von Lehrkräften als Suchaufträge zu erhöhen, die als Schemata die Gedächtnisspeicherung und den späteren Abruf erleichtern. Mit den Hinweisen der Lehrkraft können aus direkten Beobachtungen Bewertungen und Hypothesen als indirekte Beobachtungen erschlossen werden. Dennoch werden bei schulischen Beobachtungsaufträgen nebenbei soziale Verhaltensweisen beobachtet und erwünschte wie unerwünschte gelernt. Das vorbildliche Verhalten einer Lehrkraft wird von Schülern wahrgenommen: So wird beobachtet, wie Lehrkräfte mit Konflikten, Unwissen oder Lob umgehen. Umso weniger Unerwünschtes zu beobachten ist, umso seltener müsste es nach Bandura erlernt werden können.

→ Übertrag von Merkmalen zu Formen von Beobachtungslernen nach Hoffmann (2008) zu einer Schablone „Aktualisierte Lerntheorien aus Sicht um anno 2000":

„Wie bzw. wann kann gelernt werden und warum wird gelernt?"

- Die Beobachtungsfähigkeit kann extrinsisch gerichtet werden. → Findet sich wieder unter „Wie ..." im Merkmal „Meist parallel extrinsische und intrinsische motivationale Faktoren ...".
  → Ergänzung: Unter „Was ..." das Merkmal „Neues Verhalten ... Lernen am Modell" um „unbewusst oder durch angeleitete oder gerichtete Aufmerksamkeit."
- Eine Sachbeobachtung impliziert auftragsbezogene Situationswahrnehmung und nebenbei die Beobachtung von sozialen Verhaltensweisen. →Findet sich wieder unter „Wann ..." im Merkmal

„Gewohnheitsbildung ... Jede Wiederholung ist keine exakte Kopie ...". → Ergänzung: Unter „Wie ..." statt „Relevante Informationen erschließen ..." nun „Relevante Informationen und Neben-Informationen erschließen ...".

- Ohne Beobachtungshinweise beobachtet jeder unterschiedlich. → Ergänzung: Unter „Wie" statt „Relevante Informationen ... erschließen ..." nun „Subjektiv relevante ... erschließen ...". → Unter „Wie ..." im Merkmal „Wenn sich entsprechende Wahrnehmungsfähigkeiten ausgebildet haben." wiederzufinden.

- Direkte Beobachtungen können um Schlüsse wie Bewertungen, Urteile und Fragen/Hypothesen ergänzt werden. → Findet sich unter „Wie ..." im Merkmal „Zusammenhänge ... erkennen" wieder.

3.3.8 Kollektives Lernen nach Miller (1986)

Um 1980 brach Miller mit seiner „Theorie kollektiver Lernprozesse" traditionelle auf Individuen zentrierte Lern- und Entwicklungstheorien. Nach Miller lernt der Einzelne und die soziale Gruppe abhängig reziprok. Das Lernen eines Individuums „im Kollektiv" ist in Millers soziologischer Lerntheorie bedeutsamer als das Lernen „eines Kollektivs", denn das Lernen eines Kollektivs (z.B. für sozialen Wandel) setzt das Lernen des Individuums im Kollektiv voraus. Ein Lernen entsteht, wenn soziale Akteure bei gemeinsamen Fragen interindividuelle Widersprüche über logische Argumente identifizieren und versuchen aufzulösen (auch Zweijährige bewerten Argumente kritisch). Die Argumentation ist erfolgreich, wenn Dialogpartner (vgl. auch Senge, 1996) ein gemeinsames Argument als Antwort auf die Frage entwickeln. Ontogenetisch führt die kollektive Argumentationsfähigkeit allmählich zu einer höheren kognitiven und moralischen Urteilsfähigkeit. Jedoch zeigen Erfahrungen, dass Auseinandersetzungen selten rational verlaufen.

→ Übertrag von Merkmalen: Kollektives Lernen nach Miller (1986) zu einer Schablone „Aktualisierte Lerntheorien aus Sicht um anno 2000":

„Wie bzw. wann kann gelernt werden und warum wird gelernt?"

- Unterliegt ontogenetisch einer Argumentationsfähigkeit und hilft, sich gegenseitig zu verstehen. → Ergänzung: Unter „Wie ..." das Merkmal „Zusammenhänge erkennen ... Durch argumentative Kommunikation ..." um „indem sich allmählich die Urteilsfähigkeit verbessern wird." Es spiegelt sich die 2. Ordnung nach Pawlow wider und wie Reize ersetzt werden können.

- Der Einzelne und die soziale Gruppe lernen abhängig reziprok. → Findet sich unter „Wie ..." im Merkmal „Meist parallel extrinsische und intrinsische motivationale Faktoren ... wieder, ergänzt um „mit reziproker Wirkung."

- Das Lernen eines Kollektivs (z.B. für sozialen Wandel) setzt das bedeutendere Lernen des Individuums im Kollektiv voraus. → Findet sich unter „Wie …" im Merkmal „Vorab dem Lernen der Gruppe selbst muss das Individuum gelernt haben ..." wieder.

- Lernen, wenn eine einheitliche Frage zu erkannten Widersprüchen führt und diese argumentativ versucht werden aufzulösen. → Findet sich unter „Wie …" im Merkmal „Zusammenhänge erkennen …" v.a. „Aufkommende Fragen/Lücken/Offenes haben den Drang zur Klärung und Schließung." wieder.

- Die Argumentation ist erfolgreich, wenn mehrere ein gemeinsames Argument entwickeln. → Unter „Wann …" im Merkmal „Die Schlüsse sollen von mehreren Beobachtern konform nachvollziehbar sein." wiederzufinden.

- Argumentation ermöglicht soziale Interaktion einerseits und andererseits wird so soziale Interaktion gelernt. → Unter „Wie …" im Merkmal „Zusammenhänge erkennen … Durch argumentative Kommunikation mit sich selbst oder mit anderen reziprok wirkend …" wiederzufinden.

- Erfahrungen zeigen, dass Auseinandersetzungen selten rational verlaufen. → U.a. unter „Wie …" im Merkmal „Zusammenhänge erkennen … Mit Wirkung auf das zukünftige Verhalten … Indem sich zu dem Zusammenhang gegensätzlich verhalten wird." wiederzufinden.

3.4 Modelle des Handelns

Siehe Begriff „Handlung" (Glossar): → Findet sich unter „Wie …" u.a. in den Merkmalen „Meist parallel extrinsische und intrinsische motivationale Faktoren …", „abhängig von Vorwissen und Bewusstheit für Strategien …" und „Zusammenhänge erkennen … Allgemein … z.B. wenn man Rückmeldungen über den Richtigkeitsgrad seines Verhaltens erhält." wieder; ergänzt um „Durch Selbstentscheidungen."

Soziologische Akteurtheorie (Schimank, 2000):

1. Warum handelt man so? (vgl. auch Greve, 2010 mit: um Handlungen vorhersagen zu können)
2. Welche Wirkung hat es?

In den Handlungsregulationstheorien werden Ursache und Wirkung von Handlungen beschrieben. → Ergänzung um „Wirkung": Unter „Wann …" das Merkmal „zu einem Zuwachs von explizitem und implizitem Wissen führen" um „… (Wirkung vom Verhalten/Handeln). Lernprozesse zwischen Handlungen werden nicht mit Begriffen des Lernens benannt: So gibt es im Index des Buches von Schimank (2000) und im Inhaltsverzeichnis keinen Begriff zu/mit „lernen". Begriffe, die auf „Lernen" schließen können:

Begriffe (Schimank, 2000)	Bezug zu „lernen"
Produkt	Lernergebnis
Effekte	Lernbedingungen oder Lernergebnis
Ursache	Lernbedingung, Lernauslöser
Wirkung	beobachtbares Lernergebnis
Regulation	Lernbedingung, Lernprozess, Lernergebnis
Intention	Lernbedingung
Operation	Lernprozess
Input, Output	Lernbedingung, Lerninhalt, Lernergebnis
soziales Handeln	kollektive Lernprozesse
Beeinflussung durch Belohnung und Bestrafung; Pflicht, Norm	Konditionierung über Konsequenzen: Lernbedingung, Erwartung
Nutzen, Kosten	Lernbedingung mit Wirkung auf Kontrolle des Lernergebnisses
Rückkopplungsprozesse	Lernerwartung im Abgleich zum Lernergebnis → Modifikation der Lernbedingungen, des Lerninhaltes

Denn handlungstheoretische Ansätze setzen die Perspektive auf Informationsprozesse (S-O-R): Subjektive Repräsentationen im Langzeitgedächtnis beeinflussen das zukünftige Handeln, welches aus bewussten und automatischen Anteilen besteht.

Schimank (2000): Es gibt zwei Hauptströme, die beschreiben, warum die Akteure, ob Individuum oder Organisation, so handelten:

- Homo Sociologicus: Das Handeln ist an soziale Normen ausgerichtet.
- Homo Oeconomicus: Ein erwarteter subjektiver Nutzen will maximiert werden, welches durch Kosten begrenzt wird und ist nach Schimank nur möglich, wenn es durch das Netz vieler, die Normen schaffen und pflegen, Sicherheit gibt. Spielt in Hochkostensituationen eine stärkere Rolle.

Gemeinsamkeit zum S-R-Modell nach Heckhausen und Heckhausen (2010): Die Nutzenerwartung findet sich in der Triebreduktion wieder und die Wertorientierung im Bekräftigungserlebnis. → Ergänzungen: Unter „Wie …" das Merkmal „Zusammenhänge erkennen … Durch Erwartungen" um „indem sich u.a. an Normen orientiert wird." und das Merkmal „Zusammenhänge erkennen … Allgemein" um „Durch Kosten-Nutzen-Vergleiche".

Ergänzt um seltenere Theorien nach Schimank (2000):

- emotional man: Wenn obige Verhaltensweisen zu Enttäuschungen führen, werden zukünftige vorrangiger von Emotionen beeinflusst, die sozial erlernt sind. So werden starre Reiz-Reaktions-Verhaltensweisen durch Emotion oder Kognition wie Reflexion unterbrechbar. → Ergänzung: Unter „Wie …" das Merkmal „Zusammenhänge erkennen … Aufkommende Fragen …" um „Z.B. Enttäuschungen, wenn Erwartungen an sich oder durch andere nicht bestätigt werden. → Findet sich unter „Wie …" im Merkmal „Unabhängig von Intention und Bewusstheitsgrad, um selbstgesteuert Probleme zeitnah lösen zu können" wieder, ergänzt um „mit höherem emotionalem als kognitivem Anteil." → Unter „Wie …" das Merkmal „Zusammenhänge erkennen … Durch argumentative Kommunikation mit sich selbst …" erweitert um „Reflexion" in „Durch argumentative Kommunikation und Reflexion mit sich selbst …"

- Identitätsbehaupter: Der gegen Normen verstößt, um sozial verstärkt zu werden. → Unter „Wann …" wird das Merkmal „Ein Reiz führt nicht zur erwarteten Reaktion." im Merkmal „einmalige Erfahrungen" ergänzt. → Unter „Wie …" im Merkmal „Zusammenhänge erkennen … Mit Wirkung auf das zukünftige Verhalten … Indem sich zu dem Zusammenhang gegensätzlich verhalten wird." wiederzufinden. Ein Reiz wäre eine Erwartung wie die Einhaltung einer Norm, die das Individuum als Information bewusst oder unbewusst repräsentiert hat. Diese Repräsentation erfolgt unter Vorwissen, Beobachtung oder Vererbung, die wegen der Vorhersagbarkeit und Sicherheit einen Handlungsrahmen geben, so dass Energie wie Zeit gespart werden kann. → Hier überschneiden sich kollektives und individuelles Lernen. Unter „Wann …" im Merkmal „zu einer Ausbildung entsprechender Wahrnehmungsfähigkeiten führen, z.B. wenn sich Repräsentationen bilden.

Weiter in Schimank (2000): Während des Handelns orientiert sich der Mensch an Normen als Ist-Zustand und nicht nur an kognitiven, emotionalen Prozessen oder Verstärkungen, die dynamisch wären. So sind Normen als Rahmen gegeben und vorhersagbar, auch wenn sie motivational nicht gewollt sind. Innerhalb dieser Erwartungen wählt der Einzelne sein Handeln aus. Bei Muss- und Soll-Erwartungen ist mit negativen Sanktionen zu rechnen, aber nicht bei Kann-Erwartungen. Bei Muss-Erwartungen gibt es keine positive Konsequenz, da diese Pflicht erwartet wird, die dafür bei Kann-Erwartungen wie beim Ehrenamt stärker ist. Da es kein garantiertes Naturgesetz eines Handelns gibt, kann sich ein Akteur gegen die Erwartungen entscheiden. → Wiederzufinden unter „Wie …" im Merkmal „Zusammenhänge erkennen … Durch Erwartungen … Indem sich u.a. an Normen orientiert wird.". Sowie unter „Wann …" Ergänzung des Merkmals „einmalige Erfahrungen … Erwartungen", um „Durch Orientierung an *bestehende* Erwartungen wie Normen." → Bestätigt die Trennung unter „Wann …" des Merkmals „Gewohnheitsprozesse" in den Folgen von 1. + 2. → Wiederzufinden unter

„Wie …" im Merkmal „Zusammenhänge erkennen … Mit Wirkung auf das zukünftige Verhalten … Indem sich zu dem Zusammenhang gegensätzlich verhalten wird." → Ergänzung: Unter „Wie …" das Merkmal „Zusammenhänge erkennen … Erwartungen … positive Konsequenz" um „Bei Kann-Erwartungen wie ein Ehrenamt, ist die Belohnung wahrscheinlicher als bei Pflichten als Muss-Erwartung." und unter „negative Konsequenz" um „Bei Muss- und Soll-Erwartungen ist mit negativer Konsequenz zu rechnen, wenn sie nicht erfüllt werden."

Diese Umfeldbedingungen als Strukturen wie auch Strukturbeziehungen (Konstellationen; z.B. Konkurrenzverhältnisse) und gesellschaftliche Deutungen wie kulturell konforme Wertorientierung beschränken oder erweitern Möglichkeiten eines Handelns. Akteure beobachten und beeinflussen sich wechselseitig z.B. durch Belohnung. Bestrafungen sind erfolgreich, wenn sie nicht ausgeführt werden, denn dann hätte Macht als soziales Einflussnehmen, wie durch vorherige Androhung, versagt. Beeindruckt eine Drohung, ist diese Einflussnahme unaufwändig und unendlich möglich, während sich Belohnungen erschöpfen.   Indem Akteure verbindlich verhandeln, können sie über Handlungen Einzelner Anpassungen erreichen. Durch das soziale kooperative Handeln bringen die Akteure unter Bedingungen Wirkungen hervor, die sich soziologisch bedeutsam in sozialen Strukturen zeigen. → Findet sich unter „Wie …" in den Merkmalen „Meist parallel extrinsische und intrinsische motivationale Faktoren … unter eigener Entscheidung …" und „Zusammenhänge erkennen … Durch Erwartungen/Konsequenzen, indem sich u.a. an Normen orientiert wird" wieder. → Findet sich unter „Wann …" im Merkmal „Diese Schlüsse sollen von mehreren Beobachtern konform nachvollziehbar sein." wieder.

Da die Gesellschaft eine bessere Problembewältigung unter rationaler Entscheidung unterstellt (vgl. auch Gaiser, 2003; Gieseke, 2007), helfen rationale Einstellungen nach außen Sicherheit zu geben. Selbsterfüllend können sie so wirken, indem der Einzelne glaubt, auch im Nachhinein sein Handeln rational begründen zu können bzw. wegen der Muss-Erwartung zu müssen. Das negativ erlebte Gefühl beim Scheitern wird abgeschwächt, wenn ihm das rational versuchte Handeln geglaubt wird. Diese Fiktion schließt die Lücke zwischen Idealem und Möglichem und treibt an, sich damit auseinanderzusetzen und zu versuchen, rational zu handeln. → Findet sich unter „Wie …" im Merkmal „Subjektive Einschätzung, ob ein Prozess oder ein Ergebnis funktional oder dysfunktional ist." wieder. → Ergänzung: Unter „Wie …" das Merkmal „Rationale Einstellungen unabhängig vom tatsächlichem Verhalten und Entstehungszeitpunkt geben Verhaltenssicherheit (zukünftig und rückwirkend reflektierend)."

3.5 Kritische Anmerkungen

Theorien

Ich bin erstaunt, wie Pawlow (1973 mit gesammelten Beiträgen um 1920 und 1930) Aspekte als längst bekannt erklärt, die in Theorien als neuer oder verworfener Standard suggeriert wurden (z.B. Wechselwirkung, Ganzheitlichkeit, Figur-Grund). Aber auch bemerkt, dass dies vom physiologischen Standpunkt bekannt ist. Womöglich jedoch noch nicht unter Psychologen, die sich ja erst neu dem Feld annahmen. So empfiehlt er Hermann von Helmholtz, der bereits ausreichend Erkenntnisse lieferte. Der Begriff „Gestalt" ist womöglich nur eine psychische Perspektive und Anders-Beschreibung! Pawlows Kritik gegen Gestaltpsychologen: Eine Figur wäre ein *Teil* des Ganzen, welches ausgeschlossen wäre, wenn man meint, es gibt nur Ganzheit, die übrigens niemand bezweifelt; denn es hindert keinen, das ganzheitliche System in Verdauung oder Blutkreislauf zu gliedern. Es ist klar, dass bei einem Organismus alle Elemente in Wechselwirkung aufeinander wirken (vgl. auch Bechterew, 1926). Niemand behauptet, das sei eine Summe.

Sind es nach Miller (1986) die Argumente, die entscheiden, welche Perspektive aktuell akzeptiert werden kann? Und sind diese von der jeweiligen Sprache der Gruppe, der man sich angehörig fühlt, abhängig? Ich vermute, dass sich Anfangserfolge von Theorien durch das Erkennen von Zusammenhängen einerseits und durch Gewohnheiten andererseits abschwächen. Da Erfolge von Lerntheorien sich nicht generalisiert haben, scheint diese Thematik den Menschen ewig zu fordern, um über Problembewältigung aktiv zu bleiben. Der Mensch löst wohl viele Probleme bereits seit seiner Kindheit selbständig ohne dies so reflektieren zu können, dass die Lernvorgänge erkannt und zukünftig genutzt werden (informell). Der Schwerpunkt in vielen Lerntheorien liegt dagegen in der Beeinflussung vom Verhalten anderer und ist geprägt von denen, die diese initiieren.

Oft vermisse ich in der Literatur konkret hervorgehobene Angaben, ob die Lernprozesse als bewusst/explizit oder unbewusst/implizit eingestuft werden. Wie intensiv, die in der Literatur jeweils vorgestellte Lernform in Bezug zu anderen ist, wird auch nur selten hervorgehoben. Ebenso aufgefallen ist mir, dass kaum herausgearbeitet wurde, welches Ziel der Forscher hatte und dass kaum klar differenziert wird, zwischen zur

- Erklärung eines vergangenen Verhaltens
- Kontrolle eines zukünftigen Verhaltens
- Vorhersage eines zukünftigen Verhaltens

die nicht reziprok wirken: Die Praxis zeigt, dass Erklärungsmodelle scheitern, wenn mit ihnen dann auch die Vorhersage in Bezug auf Kontrolle von Verhalten im Umkehrschluss möglich sein soll.

Klassisch: Reiz und Reaktion

Schon der Begriff „Reiz" reizt zu positiven oder negativen Assoziationen mit Ablehnungen oder (Teil-)Akzeptanzen. So sind die Begriffe Reiz und Reaktion nach Pawlow (1973) bei den Gestaltpsychologen unbeliebt gewesen. Womöglich mussten sie sich als Psychologen mit der Physiologie erst auseinandersetzen und verwendeten ihre vertrauten bzw. nahestehenden Fachwörter wie „Gestalt", was Pawlow (1973) bei Köhler als animistisch kritisierte. Während Pawlow (1973) und Watson (1930/1984) bewusst einfache und wenige biologische Begriffe aus einer empirisch-operationalisierten, objektiven, physiologischen Wissenschaft des Nervensystems für psychologische Prozesse (Subjektives) erschließen wollten (vgl. auch Bykow, 1953).

Nach Wells (1976) hat Watson 1924 den bedingten Reflex von Pawlow übernommen: nicht als Mechanismus höherer Nervenprozesse wie nach Pawlow, sondern als Mechanismus des Verhaltens und seiner Kontrolle. Mechanisch sollte eine erwünschte Reaktion auf einen gegebenen Reiz erreicht werden. Während man den Versuchstieren eine passive Rolle zuschrieb (Liebsch, 2011), erkannte Pawlow weiterhin, dass die Tiere auf Belastungen unterschiedlich reagierten und unterstellte, dass die Nerventätigkeiten durch Typen differenzierbar sind. Jedoch waren auch diese nicht aussagekräftig zu erklären, warum die Reaktionen auf Reizbelastungen nicht gleich waren. So erkannte Pawlow noch weitere Umstände wie Alter, Gesundheitszustand, Lebenserfahrungen und Art sowie Reihenfolge der schwierigen Aufgaben als beeinflussende Faktoren.

Zeitgeist - Wandel

Einerseits wollte man mit wissenschaftlichen Theorien Verhalten vorhersagen und beeinflussen können, andererseits sprach man dem Individuum eine Vorahnung ab und unterstellte automatische Mechanismen. Diese Annahmen muss man unter dem Zeitgeist betrachten: Ein Sklavendasein bzw. eine Hörigkeit von Bauern und folgend von ausgebeuteten Industriearbeitern war noch dominierend, die ein gezieltes Arbeiten nach den Vorstellungen von „Arbeitgebern" erwarteten. Die Ziele und Erwartungen waren hoch bekannt (Idealbild) und ließen keinen Spielraum von abweichendem Handeln oder eigenen Entscheidungen außer unter meist körperlicher Strafe. So haben Aufseher im Gefängnis Macht über die Gefangenen, die deshalb versuchen, sich mit ihnen einigermaßen gut zu stellen (Harris, 2002). Nach Bechterew (1928) unterdrückten Traditionen und Gesetze den individuellen Entfaltungsspielraum. Unter diesen Bedingungen lassen sich wiederholende kausale Reiz-Reaktionskonstellationen leichter bestätigen, solange sich die meisten konform danach verhalten. In einer Zeit ohne demokratische Werte hatte das gehorsame Folgen einen hohen Stellen- und Gewohnheitswert. Dies setzte wiederum weniger kognitive Anforderungen voraus, was sich unter der Industrialisierung durch Erfindungen mit mehr Auswahl an Konsum und wachsendem Freizeitkonsum für alle Bürger veränderte. Es entwickelte sich eine umsetzungsfähige Erkenntnis, dass Bestrafung weniger Wirkung als Belohnung hat. Industriearbeiter hatten noch Erfahrungen mit der Landwirtschaft zur Selbstversorgung, so dass ich mir vorstellen kann, dass sich ihre Rebellion auch im Verlassen der Industrie wieder hin zu vermehrter Selbstversorgung auswirkte - neben den Effekten der sinkenden Arbeitsleistung. Bestrafungen können so verpuffen. Man setzte ja auch auf Motivationselemente in Unternehmen über Gehaltsstrukturen. Auch die Bestrafung von Kindern in der Schule und in der Familie wurde in demokratischen Gesellschaften (westlich orientierte) verboten und erwünschtes Verhalten durch motivationale Verstärker versucht zu steuern. Da die Auswahl von Verstärkern anstieg, konnten diese wirken bis sie wegen des Erkennens von Zusammenhängen bzw. Gewohnheiten weniger erwünschte Wirkungen zeigten. Jedes Kind/jeder Mensch hat seine individuelle Vorliebe an Verstärkern, die auch sättigende Wirkung haben können, so dass eine Umsetzung der operanten Konditionierung im Alltag nicht leicht umsetzbar ist (Selg, 1978). Nach Erkenntnis der Sättigung wurden token zum Sammeln und Eintauschen eingeführt.

Errungene Freiheiten aus Gewohnheiten zeigten dem Individuum, dass es aktiv die Umwelt beeinflussen kann. Tarde (1890/2009) beschreibt, wie ein einzelner Erfinder eine Nachahmungskettenreaktion auslöst, Gewohnheiten verlassen werden und dann zu Veränderungen führen. So ist von Espinas (zitiert nach Tarde, 1890/2009) beobachtet worden, dass es eine einzige Ameise ist, die eine Vorreiterrolle übernimmt, Veränderungen beginnt und andere zur helfenden Nachahmung anregt: Diese Nachahmung zu ähnlichen Verhaltensweisen wirkt wieder solange bis es eine unvorhersagbare spontane Unterbrechung gibt und dennoch ein Gesetz Prozesse unter Bedingungen vorhersagen kann.

Der Behaviorismus war nach Wells (1976) beliebt und wurde in Propaganda, Reklame, IQ- und Berufseignungstests integriert. Im Widerspruch dazu schürte nach Bandura (1976) der Behaviorismus Ängste, dass Verhalten manipuliert werden könne. Auch, dass der Mensch passiv von der Umwelt gesteuert wird, wollte nicht akzeptiert werden. Erst eine Theorie, die eine Wechselwirkung zwischen Person und Umwelt postulierte, konnte angenommen werden (Bandura 1979).

Begriff „Lernen" und Bildung - historisch

Gemäß Gieseke (2007) (vgl. auch Gaiser, 2003): Bildung diente der Vernunft, Bändigung von Trieben und Beherrschung von Gefühlen. Womöglich erst gezielter und bewusster nachdem der behavioristische Ansatz der Manipulation bei rebellierenden Bürgern scheiterte (vgl. Bruder, 1982). Emotionen in der Bildungstheorie galten aber als hinderlich, welches seit den 1980er in der Emotionsforschung widerlegt wird. Emotionen sind nicht planbar, sondern spontan (Gaiser, 2003) und erschwert in Worte auszudrücken sowie dem Bewusstsein nicht grundsätzlich und klar zugänglich. Das Vorderhirn scheint nicht die getroffene Entscheidung herbeizuführen, sondern emotionale

Gehirnzentren. Studien zeigten, dass auch die Weiterbildung nicht rational entschieden, sondern sich z.B. an Freunde orientiert wird.

Nach Büning (2012): Alle sind für Bildung und Lebenslanges Lernen in Unternehmen, aber in der Umsetzung hakt es überall. Versprechungen konnten nicht eingehalten werden und die Menschen sind dem Lernen gegenüber skeptisch eingestellt. Büning weist v.a. auf die individuellen Lernwege hin und das Stigma, dass Lernen mühsam sei. Ein gleicher Unterricht für alle kann nicht zum Erfolg führen und das Denken über ein One-fits-all-Lernen wird durch Gewohnheit verstärkt und nicht hinterfragt. Büning sieht in individuellen Lernprogrammen, die Faktoren wie Vorwissen, Einstellungen und Lerntypen des Einzelnen berücksichtigen als hoch wirksam an. Dennoch weist Büning darauf hin, dass die meisten Menschen Misch-Lerntypen sind und eine eigene Einordnung des Typs zum Scheitern von Maßnahmen führen wird. Auch ist der Lerntyp je nach Situation bzw. Inhalt und Alter veränderlich. Meines Erachtens wird so die Grenze eines menschlich Lehrenden erkennbar, der kaum für alle optimal auf die informellen Mechanismen eingehen kann.

Nach Gieseke (2007): Das Individuum ist demotiviert, wegen nicht folgender beruflicher Verbesserungen, nachdem sie an Fortbildungen teilnahmen. Inzwischen fordert das Individuum, dass sich die Fortbildungen gezielter an den alltäglichen Handlungsanforderungen orientieren. Berufliche Entscheidungsüberlegungen werden von widersprechenden Emotionen begleitet wie Interesse einerseits, aber Zukunftsängste und Selbstzweifel andererseits. Daher werden sie nicht rational, sondern heuristisch intuitiv durch Erfahrungen getroffen, indem auf bereits Bekanntes zurückgegriffen wird, statt mehrere Lösungsmöglichkeiten zu finden (Gigerenzer, 2008). Eine Lernbereitschaft mit positiven Wirkungen auf erwartete Lernergebnisse hängt von der Beziehung zwischen Lernendem und Lehrendem ab: Wie vertrauenswürdig ist der Lehrende und welche Erwartungen setzt dieser in Lernende? Inzwischen geht man davon aus, dass sich Kognition und Emotion wechselseitig durchdringen und emotionale Erfahrungen das Denken mehr beeinflussen als in pädagogischen Theorien angenommen. So entstehen bleibende Einstellungen zum Lernen.

Findet Lebenslanges Lernen (entstand erst durch die Entdeckung der neuronalen Plastizität mit Transferversuchen in die Berufswelt) womöglich nebenher i.d.R. der Situation angemessen statt, wird nur nicht so reflektiert, weil der Begriff „Lernen" (noch) zu sehr mit Schule verknüpft wird? Gibt es sogar eine hohe Ambivalenz: Man sollte den Begriff positiv wahrnehmen, erlebt ihn aber negativ? Nach Spitzer (2003) hat Lernen ein Negativ-Image (vgl. auch Güldenberg, 1999), will einerseits belohnt werden und wird andererseits von Angst, v.a. vor Neuem begleitet, denn Lernen führt zu einer Veränderung. Nach Liebsch (2011) kann ein Organisationswandel als Sonderfall oder als Normalfall eines permanenten Prozesses gesehen werden. Diese Einstellungen würden demnach das folgende Handeln beeinflussen. Senge (1996) meint, dass wir in der Schule lernen, Unwissenheit nicht einzugestehen: Demnach würde ein Wissen suggestiv vermittelt werden, was man nicht mal hat und die Einstellung zu Lernen wäre womöglich „verstellt positiv". → Unter „Wie ..." das Merkmal „Lernbereitschaft wie eine positive Einstellung zu Lernen" geändert in „Lernbereitschaft wie eine positive bzw. normale Einstellung zu Lernen." Ist ein Lebenslanges Lernen ein gegebener Ist-Zustand und keine Soll- oder Muss-Erwartung, dann geht es um die subjektive Nützlichkeit des Gelernten (funktional).

Weiter-Entwicklung

Die ursprünglichen Theorien der klassischen und operanten Konditionierung sammelten ihre Erkenntnisse überwiegend aus Tierexperimenten, die für Forscher wohl dennoch so interessant waren bzw. skeptisch faszinierten, dass sie versuchten, diese für Menschen nützlich zu machen. Dies erinnert mich an die Bionik, dass uns Beobachtungen in der Natur inspirieren, diese an den Menschen angepasst nachzuahmen und assoziiere ich mit Tarde (1890/2009). Deutlich wird, dass der Forscher selbst Kontrolle über sein Handeln hoch halten möchte, weshalb sich womöglich klassisches Konditionieren nicht alleinig bewährte, da die Bedingungen so extremst unter der Kontrolle des Experimentators standen, dass die Tiere keine Auswahl von Entscheidungen hatten und somit durch Erfolge im Labor diese schnell einerseits abgeschlossen sind, andererseits sich im Feld nicht beweisen. Außerdem erkannte Pawlow, dass die Tiere auf Belastungen wohl wegen ihres Nerventyps und persönlicher Umstände unterschiedlich reagierten (Wells, 1976). Da man jedoch die Kontrolle und den Überblick über sein Handeln nicht verlieren möchte, die Spielräume für andere aber erweitern muss, wenn man Gewohnheiten (wiederholender Erfolg durch Replikation) verlassen möchte, stehen sich der Experimentator und die wegen ihm Handelnden durch gegenseitige Beobachtung im wechselseitigem Anpassungsprozess (vgl. auch Schimank, 2000). Fragen werden laufend wichtig sein, um sich mit der Umwelt auseinanderzusetzen.

Fazit: Frage - Antwort

Kommen Lernprozesse durch Abgleich und aufkommende Unterschiede in Gang bzw. bleiben wie ein Perpetuum mobile in Gang (vgl. auch Miller, 1986; Tarde, 1890/2009)? Entsteht dann eine Frage (Anfangs-Lernen mit Einleitung zu Neuem), die dazu strebt, einen vorherigen Zustand zu verändern (Prozesslernen)? Entsteht nun eine Antwort, die als Erfolg oder Misserfolg empfunden wird, ist dieser Lernprozess zunächst beendet. Auch eine leere Antwort als Nicht-Antwort ist eine Antwort-erscheinung. Einen Lernweg über den Mechanismus von „Fragen" assoziiere ich mit der Sokratischen Methode, und ich frage mich nun, wieso es hierzu keine Lerntheorie oder Hinweise in den Lerntheorien gibt.

4.   End-Version: Was ist Lernen?

Fokus-Fragen (wegen Überschneidungen):

- Wie bzw. wann kann gelernt werden und warum wird gelernt? (Lernbedingungen; zukunftsbezogen)
- Wann hat man gelernt? (vergangenheitsbezogen)
- Wo kann gelernt werden? (impliziert Wann … und Wie …)
- Was hat man gelernt?

Wie bzw. wann kann gelernt werden und warum wird gelernt?

- Vorab dem Lernen der Gruppe selbst muss das Individuum gelernt haben, ohne dass es sich automatisch auf die Gruppenebene auswirkt.
- Durch kommunikativen Austausch abhängig von der Medienwelt und dem Tempo.
- Rationale Einstellungen unabhängig vom tatsächlichem Verhalten und Entstehungszeitpunkt geben Verhaltenssicherheit (zukünftig und rückwirkend reflektierend).
- Lernbereitschaft wie eine positive bzw. normale Einstellung zu Lernen.
- Förderung der Lernbereitschaft durch andere, z.B. durch Aktivierung von Interesse.
- Meist parallel extrinsische und intrinsische motivationale Faktoren als Bereitschaft und/oder als Verstärker mit reziproker Wirkung unter eigener Entscheidung, welche Konsequenz akzeptiert wird (Selbst-Kontrolle). Die Erwartung einer verstärkenden Konsequenz erhöht die Bereitschaft. Selbstbekräftigungen als Belohnung haben die höchste Priorität.
- Durch Selbstentscheidungen.
- Subjektiv relevante Informationen und Neben-Informationen erschließen, sammeln, aufbereiten und zugänglich halten.
- Wenn sich entsprechende Wahrnehmungsfähigkeiten ausgebildet haben.
- Abhängig von den Bedingungen im Lebensraum sowie vom Zeit- und Energieaufwand.
- Abhängig von dem motorisch- und sensorisch-individuellem Potential.
- Abhängig vom Zugang zu Speicherungen im Gehirn (generell und Tempo).
- Abhängig von der neuronalen Anpassung: Unter zu hohen Spannungen, die u.a. zu Stress und Abwehr führen und unter zu niedrigen Spannungen kann nicht funktional gelernt werden.
- Unabhängig von Intention und Bewusstheitsgrad, um selbstgesteuert Probleme zeitnah lösen zu können; mit höherem emotionalem als kognitivem Anteil.

oder

- Abhängig von Vorwissen und Bewusstheit für Strategien, Anreizen zur Motivation, Relevanz von Informationen, Erwartungen, Zielen, Intention und Reflexion, um selbstgesteuert den Lernprozess zu gestalten. Ggf. unter gerichteter Aufmerksamkeitsorientierung angeleitet durch andere.
- Der Erfolg ist ohne bewusste Einsicht (keinen Zusammenhang bewusst erkennen) möglich und kann zufällig erfolgen. Z.B. Zug-um-Zug in der jeweiligen Situation (z.B. arbeitsplatznah; alltagsnahe Projekte in den Schulen) lernen.

oder

- Zusammenhänge bewusst wie unbewusst (automatisch vom Organismus) erkennen/Lernen durch Einsicht ohne Zufall:
  - Allgemein
    - Aufkommende Fragen/Lücken/Offenes haben den Drang zur Klärung und Schließung. Z.B. Enttäuschungen, wenn Erwartungen an sich oder durch andere nicht bestätigt werden.
    - Durch argumentative Kommunikation und Reflexion mit sich selbst oder mit anderen reziprok wirkend, indem sich allmählich die Urteilsfähigkeit verbessern wird. Z.B. wenn man Rückmeldungen über den Richtigkeitsgrad seines Verhaltens erhält.
    - Durch Soll-Ist-Vergleiche. Z.B. bewusst Ziele der Organisation kennen, verstehen und mit den Zielen des Individuums abstimmen.
    - Durch Kosten-Nutzen-Vergleiche.
  - Durch Erwartungen/Konsequenzen, indem sich u.a. an Normen orientiert wird.

    Entweder
    - Positive Konsequenz/Erwartung (Belohnung/Erfolg oder Wegfall einer Bestrafung/UCS) → Nach Wiederholungen stabil solange immer mal wieder eine Belohnung gegeben wird. Ist wegen Sättigung und individueller Empfindung nicht generell vorhersagbar. Bei Kann-Erwartungen wie ein Ehrenamt ist die Belohnung wahrscheinlicher als bei Pflichten als Muss-Erwartung.

    oder
    - Negative Konsequenz/Erwartung (Bestrafung oder Wegfall einer Belohnung) → Führt entweder zukünftig zur Meidung, wenn dies möglich ist oder bleibt weitgehend löschungsresistent. Bei Muss- und Soll-Erwartungen ist mit negativer Konsequenz zu rechnen, wenn sie nicht erfüllt werden.

    Beides kombiniert:
    - Positive und negative Konsequenzen wechseln in einer Situation ab.
      - Voraussehbare Konsequenz: Durch den Zusammenhang wird „Vertrauen" gelernt.

– Nicht voraussehbare Konsequenz: Also auch gegenläufig zu erwartende wie eine Bestrafung bei mal richtigem oder mal falschem erwünschtem Verhalten. Gelernt wird „nicht vertrauen".

Ausschluss-Abgrenzung: Ein Zusammenhang kann nicht erkannt werden.

- Abgleich von Erwartungsvarianten unter unterschiedlichen subjektiven eigenen Schlüssen zu einem Zusammenhang.

o Mit Wirkung auf das zukünftige Verhalten:

- Indem sich zu dem Zusammenhang konform verhalten wird.

oder

- Indem sich zu dem Zusammenhang gegensätzlich verhalten wird.

- Subjektive Einschätzung, ob ein Prozess oder ein Ergebnis funktional oder dysfunktional ist. Dysfunktional: Z.B. verhindert eine meist fehlende Fehlerkultur (sich Fehlern konstruktiv gemeinsam stellen), eine erforderliche Anpassung.

- Lernen ist ein positiv attribuierter Prozess.

Wann hat man gelernt?

- Nach einmaligen Erfahrungen.

o Es werden laufend neue S-R-Verbindungen hergestellt.

o Ein Reiz führt nicht zu einer direkten Ausführungs-Reaktion, sondern zirkuliert, indem der Reiz zur Reaktion wird; z.B. eine Beobachtung.

o Ein Reiz führt nicht zur erwarteten Reaktion.

o Erwartungen

- Es kann eine bewusste wie unbewusste subjektive Erwartung auf positive oder negative Konsequenz auch ohne Selbsterfahrung *entstehen*. Siehe auch „Gewohnheitsbildung".

oder

- Durch Orientierung an *bestehende* Erwartungen wie Normen.

oder

- Nach wiederholtem Versuch und Irrtum unter Abbau irrelevanter Verhaltensweisen und/oder Wiederholung relevanter Verhaltensweisen.

oder

- Nach wiederholenden Gewohnheitsprozessen.

1. Gewohnheitsbildung durch

- S-R-Wiederholung (→ S-R-Automatismus als Bereitschaft): Dem Reiz folgt gewöhnend die kausale Reaktion nun auch als Bereitschaft für automatisiertes Verhalten. Die Gewohnheit selbst kann dann das Ziel sein.
- Ersatz eines Reizes (UCS) durch einen anderen Reiz (NS → CS) unter bestimmter Intensität, um dieselbe Reaktion auszulösen = S-S-Verbindung wird wiederholt.
- Wiederholende R-S-Gewohnheiten von Konsequenzen auf eine bestimmte Reaktion als bewusste oder unbewusste Erwartung.
  - Ist die gewohnte Konsequenz negativ, kann diese frühestens ab der 2. möglichen Wiederholung auf die Reizgebung mit einer anderen Reaktion beantwortet werden (→ meiden/Nicht-Reaktion als Gewohnheit) - s. 2. Die R-S-Gewohnheit wiederholt sich durch antizipierende Vorstellung, die nicht zur Ausführung kommen muss.
  - Ist die gewohnte Konsequenz positiv, kann auf den Reiz die Reaktion folgen, wenn auch die Belohnung hin und wieder folgt und gewollt ist - s. 2.

- Jede Wiederholung ist keine exakte Kopie, sondern variiert, wird kombiniert mit mehreren Beobachtungen und konform konstruiert. Jedoch wird die Ausführung nur durch Wiederholung untereinander ähnlicher.
- Ist der Reiz durch Wiederholung vertraut/bekannt, wird er positiv beurteilt.

2. Ein wiederholter Reiz kann dazu führen, dass die kausal bekannte und verlässliche Reaktion nicht mehr erfolgt (Hemmung des Automatismus).

   Wird der vertraute Reiz zu sehr massiert dargeboten, folgt eine affektiv negative Reaktion.

   Dieser Prozess bildet ebenfalls eine Gewohnheit aus.

   - automatische Habituation /Gewöhnung

   oder

   - Gewohnheiten bewusst verlassen, die schon dadurch zu Veränderungen führen. Unter kognitiver Absicht folgt nach S eine andere Reaktion oder ein anderer Stimulus für dieselbe Reaktion.

3. Ent-Hemmung der Hemmung bzw. Nicht-Ausführung der Hemmung

   - Nach einer Reizpause löst der Reiz die Reaktion wieder aus, dessen Gewöhnung dann weniger Wiederholungen benötigt (Ent-Hemmung der Hemmung).

   oder

   - Ohne Reizpause: Nicht-Ausführung der Hemmung unter kognitiver Absicht.

Man hat evident gelernt, wenn einmalige oder wiederholende Erfahrungen

- eine Diskrepanz zwischen tatsächlicher und erwarteter Leistung wahrnehmbar werden lassen.

oder

- wie beobachtete Ähnlichkeiten zum Ähnlichen im Beobachter führen.

- zum Verlassen von Gewohnheiten führen. So ist z.B. die Organisationskultur mit verwurzelten Denk- und Verhaltensweisen zu beachten, um Widerstände zu verstehen und ggf. zu vermeiden.

- von Beobachtungen beschrieben werden können - unabhängig von einem Potential zur Ausführung.

- zu einer Ausbildung entsprechender Wahrnehmungsfähigkeiten führen. Z.B.
  o Irrelevantes ausschließen können.
  o Entwicklung der Zugangsart zu Speicherungen im Gehirn (generell und Tempo) abhängig von der Spezie.
  o Wenn sich Repräsentationen bilden.

und

- zu einem Zuwachs von explizitem und implizitem Wissen führen (Wirkung vom Verhalten/Handeln).

und

- sich zukünftig in beobachtbaren ggf. dauerhaften Veränderungen im Verhalten durch Abgleich zweier Zustände zeigen (Können).

oder

- zu Veränderungen von Verhaltensmöglichkeiten führen (Dispositionen/Potential). Wenn sie sich z.B. später automatisch ohne Absicht in verbesserten Wahrnehmungsleistungen zeigen. Oder wenn früher einmalig und kurz dargebotene Reize unbewusst später aus fremden Reizen wiedererkannt werden.

- Diese Schlüsse sollen von mehreren Beobachtern konform nachvollziehbar sein.

Was hat man gelernt?

- Neues Verhalten kann über … gelernt werden:
  o Verstärkung durch eine folgende Konsequenz.
  o Einsicht (bewusstes oder unbewusstes Erkennen von Zusammenhängen)
  o Wiederholter Versuch oder Irrtum mit dem Risiko schwerwiegender Konsequenz.
  o Lernen am Modell bzw. von einer Vorbild-Vorstellung: unbewusst oder durch angeleitete oder gerichtete Aufmerksamkeit
    1. Beobachtung eines Modells, indem sich eine Vorstellung herausgebildet hat oder Vorstellung eines Vorbildverhaltens - ohne Ausführung. Auch z.B. eine Nicht-Nachahmung, die bewusste oder unbewusste Kenntnis über das Nachzuahmende voraussetzt.
       ▪ Direkte Beobachtung eines Modellverhaltens.

- Verbale Erklärung durch ein Modell.
- Annahme über das gewünschte Vorbildverhalten eines Dritten als Vorstellung.

2. Ähnliche Nachahmung durch Orientierung an andere unabhängig vom Zeitpunkt und einer unmittelbaren Belohnung.
   - Nachahmung, wenn das Beobachtete oder Vorgestellte ähnlich getan oder gesagt wird.
   - Gegen-Nachahmung, wenn das Gegenteil von Vorbildern oder einem vorgestelltem Vorbildverhalten getan oder gesagt wird. Setzt bewusste oder unbewusste Kenntnis über das Nachzuahmende voraus.

   Jede Nachahmung als Wiederholung ist keine exakte Kopie, sondern variiert, wird kombiniert mit mehreren Beobachtungen und konform konstruiert.

- Ähnlichkeiten bzw. subjektiv Exaktes durch Lernen am Modell bzw. von einer Vorstellung (bewusst oder unbewusst) - siehe „Neues Verhalten … Lernen am Modell".
- Gewohnheiten
- Erwartungen
- Vertrauen/nicht vertrauen

5. Entwicklungs-Konstruktion der Lerntheorien: chronologisch und zukünftig

inspiriert durch Liebsch (2011):

Was könnte ein Motiv gewesen sein, weiterzuforschen? (siehe unter „Wie …" das Merkmal „Zusammenhänge … Allgemein … Aufkommende Fragen …" und „Fazit: Frage - Antwort")

Vergangenheit

1. Ersatz eines Reizes durch einen anderen Reiz, um dieselbe Reaktion auszulösen. Die Bedingungen in Tierexperimenten sind für diese Ersetzung hoch determiniert und der Handelnde passiv bzw. eingeschränkt. Wiederholungen führen zu (möglichen) Automatismen von R nach S (assoziative Gewohnheit).

Aufkommende Fragen:

„Welche Mechanismen wirken verstärkend?"

„Sind so unerwünschte Reaktionen entstanden?"

„Können im Alltag erwünschte Reaktionen über bestimmte Reizgebungen ausgelöst bzw. unerwünschte verhindert werden?"

2. Die Handlungsspielräume werden unter mehr Zeit erweitert.

Aufkommende Frage:

„Wieso sind zu erwartende Reaktionen auf bestimmte Reize trotz Wiederholung nicht verlässlich?"

Es muss etwas Internes geben, was Reaktionen mit beeinflusst:

- Befinden
- Bedürfnis/kein Bedürfnis
- Lust/Unlust
- Erfolgswahrnehmung

Aufkommende Fragen:

„Welche Bedürfnisse sind wann essentiell genug?"

„Was verläuft bewusst und was unbewusst? Was kann der Organismus automatisch?"

3. Erwartungen von Konsequenzen haben sich gebildet. Erfordert ein gegenseitiges Vertrauen, um den Zusammenhang aufrecht erhalten und somit bei akzeptierter Belohnung wiederholen zu wollen.

Aufkommende Fragen:

„Wieso werden Belohnungen nicht mehr angenommen?"

„Wieso sind negative KK im Alltag auch ohne UCS resistent?"

„Wieso wirken Bestrafungen bei Kindern nicht verlässlich?"

„Kann bei einer Wiederholung antizipiert werden, wenn sich bei Neuem noch keine klare Repräsentation bildete?"

„Passt man sich den Bedingungen an oder beeinflusst man das Umfeld aktiv unabhängig vom Bewusstheitsgrad?"

4. Der Zusammenhang „Ich soll so handeln, wie ein anderer es will." wird erkannt. V.a. im organisationalem Feld-Lernen werden Einflussfaktoren erkannt bzw. wurden wegen der steigenden Leistungsdefizite v.a. bei Akkordarbeit, die durch anfängliche industriell-technische Euphorie aufkamen, erforscht.

- Bewusste Ablehnung der extrinsischen Absicht.
- Automatische Gewohnheit mit der Folge der Nicht-Wahrnehmung/-Reflexion von positiver Konsequenz = Sättigung von belohnenden Verstärkern.
- Enttäuschung, wenn Konsequenzen nicht verlässlich gegeben werden.

5. Differenzierung von Konsequenzen, v.a. von Belohnung als Verstärker.

Aufkommende Fragen:

„Gibt es noch andere Lernformen, denn diese ist eher vom Lehrenden initiiert?"

„Wie verändert sich das Verhalten, wenn der Lernende beteiligt wird?"

„Wann bzw. wie lernt der Lernende von sich aus?"

6. Aktiver Einfluss auf die Umwelt ist möglich. So hat die Selbstbekräftigung höchste Priorität.

Aufkommende Frage:

„Kann ich Kontrolle über die Verstärkung ausüben und selbst entscheiden?"

Zusammenhänge in Bezug zur Selbstwirksamkeit, zu Strategien und zu Reflexionen werden durch Kommunikation gefördert.

7. Weitere Zusammenhänge werden durch direkten Einblick in das Gehirn gesehen. Das Gehirn speichert Repräsentationen, gleicht ab und bildet individuelle Konstruktionen. Es werden Automatismen ohne Bewusstheit beobachtet. Allmählich kommt die überzeugende Erkenntnis durch sehbare Beweise, dass sich Strukturen im Gehirn laufend verändern können.

Aufkommende Antworten:

„Es gibt ein Lernen ohne es von außen beobachten zu können."

„ Es gibt mehr als Angeborenes. Es gibt ein Vorwissen durch Erfahrungen."

„Es gibt laufend Veränderungen im Gehirn."

„Erfahrungen werden während des Schlafes ins Langzeitgedächtnis übertragen."

„Es gibt automatische und unbewusste Prozesse."

„Das Gehirn kann sich selbst regulieren."

„Gelerntes wird vom Lernenden aktiv konstruiert."

„Der Lehrende gibt Verantwortung an den Lernenden ab."

„Es muss also noch andere Lernformen als Reizersetzungen, Gewohnheiten und Konsequenzen geben."

Aufkommende Frage:

„Wieso übernimmt der Lernende keine Verantwortung?"

8. Der Mensch lernt ein Potential auch ohne unbedingt gleich Zusammenhänge erkennen zu müssen. Die Nachahmung über die man in Bezug zu Kindern schon lange wusste, aber nicht konkret erklären konnte, wird differenzierter analysiert. Denn ein positives Modell kann schneller Ähnliches beim Beobachter auslösen als unzuverlässige Konsequenzen.

Aufkommende Antworten:

„Ein Modell kann die Aufmerksamkeit und somit die Wahrnehmung des Beobachters richten."

„Das Modell macht als Vorbild vor, statt extrinsisch etwas zu verlangen."

„Der Beobachter vertraut einem Modell als Vorbild."

Aufkommende Frage:

„Welche Bedingungen fördern das unbewusst informelle Lernen?"

Aufkommende Antwort (folgend elaboriert: siehe „Auffälligkeiten in Bezug zu den Fragestellungen"):

„Konstruktive Kooperation."

Zukunft

Zusammenhänge zwischen den Organen bzw. Zellen sind noch sehr unerforscht, während das Herz inzwischen eine höhere Relevanz - als eigenes Informationszentrum mit häufigerer Verbindung zum Gehirn als umgekehrt - erhält (Childre & Rozman, 2006).

Die Spiegelneurone bestätigen das erlernte Nachahmungspotential nach Bandura und eine Erwartung wie Vorstellung nach Tolman. Das Gehirn unterscheidet wohl nicht zwischen Gesehenem ohne eigene Verhaltensausführung und einer Verhaltensausführung dieser Beobachtung. Bzw. der Unterschied muss zukünftig noch klar ausgearbeitet werden und deren Bedeutung und Nutzen v.a. für neurologische Störungen oder für Lernanreize von Schülern.

Erkannte Zusammenhänge können sogar ignoriert werden, v.a. wenn kein ausreichendes Vertrauen besteht.

Vertrauen:

- Netzwerke hinterfragen bisherige Formen der Zusammenarbeit und damit verbundene Werte und Normen. Sie suchen kreativ nach Lösungen intra- und interorganisationaler Probleme. (1. Stäbler, 1999, zitiert nach Liebsch, 2011; 2. Stäbler, 1999).

- Nur unter gegenseitigem Vertrauen können Netzwerke existieren. Sie haben i.d.R. keine Instanz zur Steuerung des Netzwerkes. (Liebsch, 2011).

Wissen kann belasten, v.a. wenn zu viele Informationen nicht nach Relevanz aggregiert und konform ausgetauscht werden können. Vertrauen setzt dann auf konforme Informations-Schlüsse (ohne tiefergehende Prüfung) und Entscheidungen heuristischer Art. Noch basieren Netzwerke auf Vertrauen und regulieren sich darüber tolerant selbständig (vgl. auch Liebsch, 2011).

6. Fazit

Durch Nachahmungen bzw. Gewohnheiten werden Prozesse aufrechterhalten. So will jedes lebende bzw. aktive System i.d.R. solange wie möglich weiter existieren. Dennoch kommt es trotz wiederholt gebildeter Vorstellungen auch durch einen diskursiven Austausch von Beobachtungen nicht gehäuft zu ähnlichen Nachahmungen. Ähnliches wird mal nachgeahmt, mal modifiziert, aber auch wieder zu vorher Vertrautem zurückgegangen. Durch die Sprache wie Kommunikation mit anderen oder Entscheidungen können Gewohnheiten spontan verlassen bzw. Gegen-/Nicht-Nachahmungen ausgeführt werden. Es kommt zu Wissenserweiterungen, die wiederum in Kommunikationen ausgetauscht werden und jeder Austausch wirkt auf das Urteilsvermögen und somit auf die Wahrnehmungsfähigkeiten.

In der chronologischen Entwicklungs-Konstruktion der Lerntheorien unter 5. wird der Zusammenhang „Ich soll so handeln, wie ein anderer es will." erkannt. Auch die Nicht-Reaktion einer Erwartung ist eine Reaktion, die neuronalen Prozessen unterliegt. Sie impliziert, dass man eine Vorstellung gebildet hat. Ebenso jemand, der nicht nachahmen möchte, kann dies nur, wenn er eine Vorstellung von dieser Möglichkeit hat, unabhängig davon, ob sie bewusst ist oder unbewusst erfolgt. Eine bewusste Gegen- oder Nicht-Nachahmung ist nur unter Kenntnis des Potenzials umsetzbar. Als würde diese Skepsis gegenüber Erwartungen die Möglichkeit geben, Gewohnheiten verlassen zu können bzw. andere nicht nachzuahmen, v.a. die Vorstellungen anderer nicht, obwohl sie verinnerlicht verstanden wurden (repräsentiert sind). Kann der Organismus Erwartungen an sich selbst bzw. hoch eigen konstruierte von denen aus der Umwelt unterscheiden? Womöglich dann, wenn eine bewusst sprachliche Reflexion hinzukommt. Die Kommunikation fördert Reflexion, Strategien und Selbstwirksamkeit, die zu Selbstentscheidungen führen. Also kann die Umwelt trotz des hohen Nachahmungspotenzials aktiv beeinflusst und verändert werden.

Erwartungen anderer werden erkannt und langweilig. Neuronal gesehen, ist es vertraut und muss nicht mehr geprüft werden. Die Aufmerksamkeit lässt nach.

7.   Ausblick und Diskussion

Neuronal ist abzugleichen, ob Gewohnheiten, Vertrauen, Konsequenzen, Erwartungen, Ziele und Vorstellungen unterscheidbar sind, ebenso Beobachtungen zu Vorstellungen, v.a. in Bezug zu Spiegelneuronen. Wie werden Erwartungen bzw. Vorstellungen, die sich bestätigen, neuronal gekennzeichnet? Diese Begriffe sind sprachliche Konstrukte aus Zeiten als biologische Zusammenhänge noch nicht sichtbar hergestellt werden konnten. Lerntheorien der Zukunft müssen sich diesen Erkenntnissen stellen, um daraus neue Handlungsweisen gemeinsam zu elaborieren. Vorstellungen nähern sich konform durch Kommunikation an, die die Beteiligung aller Betroffenen unter einer nachvollziehbaren Sprache erfordert.

Die Gesellschaft wird stets neu über den verbalen Austausch bewerten müssen, was sie braucht und wie es konform lösbar ist. Dafür sind alle Beteiligten einzubinden, was Fernsehsendern durch die Beobachtung von Kommunikationsplattformen mit offener Kritik gelingt. Die Menschen wollen schnell und optimal handeln können, was ihnen durch die neuen Medien erleichtert wird. Informelles Lernen an Casting-Shows zeigt, dass Veränderungsprozesse hin zu erwünschterem Verhalten selbständig in Gang kommen, wenn kommuniziert wird und der Austausch sichtbar ist.

Molzberger (2002) startete eine Studie, das Alltägliche für Arbeitsprozesse zugänglich und nutzbar zu machen: Es bleibt das ewige Bedürfnis, das unbewusst Verlaufende greifen, verstehen und beeinflussen zu können. Die Lernenden selbst sollen mehr im verbalen Austausch beteiligt werden.

Jedoch hatten Mitarbeiter von Molzberger Zweifel, ob Lernsituationen beobachtbar sind, so dass sie auf die teilnehmende Beobachtung setzten, um Vertrauensprozesse zu fördern. Selbst die Dokumentation von erkannten Lernprozessen wurde abgelehnt, da sie sich sowieso keiner mehr durchlesen würde. (Molzberger, 2002).

Quellenverzeichnis

Angermeier, W. F. (1983*). Die Evolution des operanten Lernens. Eine vergleichende Etho-Psychologie.* Basel: Karger AG.

Angermeier, W. F., Bednorz, P. & Schuster, M. (1984). *Lernpsychologie.* München: Ernst Reinhardt Verlag GmbH & Co. KG.

Antoine, J.-P. (2009). Tardes Ästhetik. In Borch, Christian & Stäheli, Urs (Hrsg.). *Soziologie der Nachahmung und des Begehrens: Materialien zu Gabriel Tarde.* S. 164-179. Frankfurt am Main: suhrkamp taschenbuch wissenschaft.

Baer, D. M., Peterson, R. F. & Sherman, J. A. (1976). Die Entwicklung der Nachahmung durch Verstärkung der Verhaltensähnlichkeit mit einem Modell. In Bandura, A. *Lernen am Modell. Ansätze zu einer sozial-kognitiven Lerntheorie.* S. 131-153. Stuttgart: Ernst Klett Verlag.

Bandura, A. (1976). *Lernen am Modell. Ansätze zu einer sozial-kognitiven Lerntheorie.* Stuttgart: Ernst Klett Verlag.

Bandura, A. (1979). *Sozial-kognitive Lerntheorie.* Stuttgart: J. G. Cotta'sche Buchhandlung Nachfolger GmbH.

Bechterew, W. (1926). *Allgemeine Grundlagen der Reflexologie des Menschen. Leitfaden für das objektive Studium der Persönlichkeit.* (3. Auflage). Pappenheim, M. (Hrsg.). Leipzig: Verlag Franz Deuticke.

Bechterew, W. (1928). *Die kollektive Reflexologie.* Halle: Carl Marhold Verlagsbuchhandlung.

Bodenmann, G., Perrez, M. & Schär, M. (2011). *Klassische Lerntheorien. Grundlagen und Anwendungen in Erziehung und Psychotherapie.* Schweiz-Bern: Verlag Hans Huber, Hogrefe AG.

Borch, C. & Stäheli, U. (Hrsg.). (2009). *Soziologie der Nachahmung und des Begehrens: Materialien zu Gabriel Tarde.* Frankfurt am Main: suhrkamp taschenbuch wissenschaft.

Bower, G. H. & Hilgard, E. R. (1983). *Theorien des Lernens I.* Aebli, H. und Aeschbacher, U. (Hrsg.). Stuttgart: Verlagsgemeinschaft Ernst Klett-J. G. Cotta'sche Buchhandlung Nachfolger GmbH.

Bower, G. H. & Hilgard, E. R. (1984). *Theorien des Lernens II.* Aebli, H. (Hrsg.). Stuttgart: Verlagsgemeinschaft Ernst Klett Verlage GmbH u. Co. KG.

Brodowski, M. (2009). Kompetenzerwerb durch informelles - kooperativ/kollektives Lernen - Aspekte zum Zusammenhang beider Lernformen im Rahmen der UN Dekade Bildung für Nachhaltige Entwicklung. In Brodowski, M., Devers-Kanoglu, U., Overwien, B., Rohs, M., Salinger, S. & Walser, M. (Hrsg). *Informelles Lernen und Bildung für eine nachhaltige Entwicklung.* S. 62-72. Verlag Barbara Budrich, Opladen & Farmington Hills, MI.

Brodowski, M., Devers-Kanoglu, U., Overwien, B., Rohs, M., Salinger, S. & Walser, M. (Hrsg.). (2009). *Informelles Lernen und Bildung für eine nachhaltige Entwicklung.* Verlag Barbara Budrich, Opladen & Farmington Hills, MI.

Brömer, K. J. & Brömer, P. (2010). Die sozial-kognitive Theorie von Bandura. In Frey, D. & Irle, M. (Hrsg). *Theorien der Sozialpsychologie. Band II Gruppen-, Interaktions- und Lerntheorien.* S. 277-299. Bern: Verlag Hans Huber.

Bruder, K.-J. (1982). *Psychologie ohne Bewußtsein. Die Geburt der behavioristischen Sozialtechnologie.* Frankfurt am Main: Suhrkamp Verlag.

Büning, N. (2012). *Lernen im Unternehmen. Mythen - Konzepte - Neue Wege.* München: Redline Verlag.

Bykow, K. M. (1953). *Grosshirnrinde und innere Organe.* Zetkin, Maxim (Hrsg.) Berlin: VEB Verlag Volk und Gesundheit.

Childre, D. & Rozman, D. (2006). *Verwandle deine Wut. Innere Ausgeglichenheit durch Herzintelligenz.* Freiburg: Herder.

Czarniawska, B. (2009). Gabriel Tarde und die Verwaltung von Großstädten. In Borch, C. & Stäheli, U. (Hrsg.). *Soziologie der Nachahmung und des Begehrens: Materialien zu Gabriel Tarde.* S. 372-396. Frankfurt am Main: suhrkamp taschenbuch wissenschaft.

Der Brockhaus (2001). *Psychologie. Fühlen, Denken und Verhalten verstehen.* Leipzig: F. A. Brockhaus GmbH.

Dierkes, M. (1992). Leitbild, Lernen und Unternehmensentwicklung. In *Den Wandel in Unternehmen steuern.* S. 19-36. Krebsbach-Gnath, Camilla (Hrsg.). Frankfurt am Main: Frankfurter Allgemeine Zeitung GmbH.

Dohmen, G. (2001). *Das informelle Lernen. Die internationale Erschließung einer bisher vernachlässigten Grundform menschlichen Lernens für das lebenslange Lernen aller.* Bundesministerium für Bildung und Forschung (Hrsg.). Bonn.

Edelmann, W. (1999). Lernen. In Asanger, Roland und Wenninger, Gerd (Hrsg.). *Handwörterbuch Psychologie.* Weinheim: Psychologie Verlags Union.

Edelmann, W. & Wittmann, S. (1978/2000). *Lernpsychologie* (7. vollständig überarbeitete Auflage). Weinheim: Beltz Verlag.

Exton, M. S., Gierse, C., Goebel, M. U., Meier, B. A. & Schedlowski, M. (2002). Klassische Konditionierung von Immunfunktionen: Mechanismen und klinische Relevanz. In *Zeitschrift für medizinische Psychologie: Organ der Deutschen Gesellschaft für Medizinische Psychologie*. 11, 2. S. 83-93.

Fahle, W. (2012). Perzeptuelles Lernen (3., aktualisierte und erweiterte Auflage). In Karnath, Hans-Otto & Thier, Peter. (Hrsg.). *Kognitive Neurowissenschaft*. Berlin: Springer-Verlag.

Gärtner, H. J. (1992). Strategie, Struktur und Menschen. Plädoyer für eine ganzheitliche Betrachtung der Arbeitsbeziehungen in Unternehmen. In Krebsbach-Gnath, C. (Hrsg.). *Den Wandel in Unternehmen steuern*. S. 187-215. Frankfurt am Main: Frankfurter Allgemeine Zeitung GmbH.

Gaiser, S. (2003). *Lernen in und von Organisationen. Die Rolle von individuellem Interesse*. Hamburg: Verlag Dr. Kovač.

Gerrig, R. J. & Zimbardo, P. G. (2004). *Psychologie* (16. aktualisierte Auflage). München: Pearson Studium.

Gieseke, W. (2007). *Lebenslanges Lernen und Emotionen. Wirkungen von Emotionen auf Bildungsprozesse aus beziehungstheoretischer Perspektive*. Bielefeld: W. Bertelsmann Verlag GmbH & Co. KG.

Gigerenzer, G. (2008), *Bauchentscheidungen*. Goldmann Verlag.

Greve, W. (2010). Handlungstheorien. In Frey, D. & Irle, M. (Hrsg). *Theorien der Sozialpsychologie. Band II Gruppen-, Interaktions- und Lerntheorien*. S. 300-325. Bern: Verlag Hans Huber.

Groeben, N. & Scheele, B. (1977). *Argumente für eine Psychologie des reflexiven Subjekts. Paradigmawechsel vom behavioralen zum epistemologischen Menschenbild*. Darmstadt: Dr. Dietrich Steinkopff Verlag GmbH & Co. KG.

Güldenberg, S. (1999). *Wissensmanagement und Wissenscontrolling in lernenden Organisationen. Ein systemtheoretischer Ansatz*. Wiesbaden: Deutscher Universitäts-Verlag GmbH.

Hacker, W. (1999). Handlung. In Assanger, Roland und Wenninger, Gerd (Hrsg). *Handwörterbuch Psychologie*. S. 275-282. Weinheim: Psychologie Verlags Union.

Harris, J. R. (2002). *Ist Erziehung sinnlos? Warum Kinder so werden, wie sie sind*. Reinbek bei Hamburg: Rowohlt Verlag GmbH.

Heckhausen, H. & Heckhausen, J. (2010). *Motivation und Handeln* (4. Auflage). Berlin: Springer Verlag.

Hoffmann, K.-W. (2008). Durch Beobachtung lernen. In *Praxis Schule 5 – 10: Zeitschrift für die Sekundarstufe 1 des Schulwesens, 19, 3*. S. 6-8.

Keller, F. (2009). Das endgültige soziale Rom. In Borch, C. & Stäheli, U. (Hrsg.). *Soziologie der Nachahmung und des Begehrens: Materialien zu Gabriel Tarde.* S. 226-254. Frankfurt am Main: suhrkamp taschenbuch wissenschaft.

Krebsbach-Gnath, C. (1996). *Organisationslernen. Theorie und Praxis der Veränderung.* Wiesbaden: Deutscher Universitäts-Verlag GmbH.

Landmann, M. & Schmitz, B. (Hrsg.). (2007). *Selbstregulation erfolgreich fördern.* Stuttgart: W. Kohlhammer GmbH.

Latour, B. (2009). Gabriel Tarde und das Ende des Sozialen. In Borch, C. & Stäheli, U. (Hrsg.). *Soziologie der Nachahmung und des Begehrens: Materialien zu Gabriel Tarde.* S. 39-61. Frankfurt am Main: suhrkamp taschenbuch wissenschaft.

Liebsch, B. (2011). *Phänomen Organisationales Lernen. Kompendium der Theorien individuellen, sozialen und organisationalen Lernens sowie interorganisationalen Lernens in Netzwerken.* München: Rainer Hampp Verlag.

Lüdemann, S. (2009). Die imaginäre Gesellschaft. Gabriel Tardes anti-naturalistische Soziologie der Nachahmung. In Borch, C. & Stäheli, U. (Hrsg.). *Soziologie der Nachahmung und des Begehrens: Materialien zu Gabriel Tarde.* S. 107-124. Frankfurt am Main: suhrkamp taschenbuch wissenschaft.

Miller, M. (1986). *Kollektive Lernprozesse. Studien zur Grundlegung einer soziologischen Lerntheorie.* Frankfurt am Main: Suhrkamp Verlag).

Moebius, S. (2009). Imitation, differentielle Wiederholung und Iterabilität. In Borch, C. & Stäheli, U. (Hrsg.). *Soziologie der Nachahmung und des Begehrens: Materialien zu Gabriel Tarde.* S. 255-279. Frankfurt a. Main: suhrkamp taschenbuch wissenschaft.

Molzberger, G. (2002). Informelles Lernen in der Arbeit - wie erforscht man das Alltägliche? Versuch einer Klärung und Annäherung über betriebliche Fallstudien. In *Informelles Lernen - eine Herausforderung für die berufliche Aus- und Weiterbildung.* S. 59-70. Bielefeld: Bertelsmann.

Pawlow, I. P. (1973). *Auseinandersetzung mit der Psychologie.* München: Kindler Verlag GmbH.

Petermann, F., Petermann, U. & Winkel, S. (2006). *Lernpsychologie.* Paderborn: Verlag Ferdinand Schöningh GmbH & Co. KG.

Pöppel, E. (2008). *Zum Entscheiden geboren. Hirnforschung für Manager.* München: Carl Hanser Verlag.

Sader, M. (1996*). Beobachtungslernen* in der Gruppe. In: *Gruppendynamik: Zeitschrift für angewandte Sozialpsychologie, 27, 1.* S. 67-83. Leverkusen: Leske & Budrich.

Scheele, B. (2006). Beobachtungslernen. In Funke, J. & Frensch, P. A. (Hrsg.). *Handbuch der Allgemeinen Psychologie - Kognition.* S. 239-246. Göttingen: Hogrefe.

Schimank, U. (2000). *Handeln und Strukturen. Einführung in die akteurtheoretische Soziologie.* Weinheim: Juventa Verlag.

Schorr, A. (1999). Behaviorismus. In Assanger, R. & Wenninger, G. (Hrsg). *Handwörterbuch Psychologie.* S. 73-78. Weinheim: Psychologie Verlags Union.

Schulte, K. M. (2005). *Lernen durch Einsicht. Erweiterung des gestaltpsychologischen Lernbegriffs.* Wiesbaden: VS Verlag für Sozialwissenschaften/GWV Fachverlage GmbH.

Selg, H. (1978). *Entwicklung und Lernen* (2. überarbeitete und ergänzte Auflage). Beiß, A. (Hrsg). Schriftenreihe der Kant-Hochschule. Heft 17. Braunschweig: Waisenhaus-Buchdruckerei und Verlag.

Senge, P. M. (1996). *Die fünfte Disziplin. Kunst und Praxis der lernenden Organisation.* (6. Auflage). Stuttgart: J. G. Cotta'sche Buchhandlung Nachfolger GmbH.

Spitzer, M. (2003). *Lernen. Gehirnforschung und die Schule des Lebens.* Heidelberg, Berlin: Spektrum Akademischer Verlag GmbH.

Stäbler, S. (1999). *Die Personalentwicklung der „Lernenden Organisation“.* Berlin: Duncker & Umblot GmbH.

Staehle, W. H. (1991). *Management. Eine verhaltenswissenschaftliche Perspektive.* (6. überarbeitete Auflage). München: Verlag Franz Vahlen GmbH.

Stäheli, U. (2009). Übersteigerte Nachahmung - Tardes Massentheorie. In Borch, C. & Stäheli, U. (Hrsg.). *Soziologie der Nachahmung und des Begehrens: Materialien zu Gabriel Tarde.* S. 397-416. Frankfurt a. Main: suhrkamp taschenbuch wissenschaft.

Tarde, G. (2009). *Die Gesetze der Nachahmung.* Frankfurt am Main: suhrkamp taschenbuch wissenschaft.

Thorndike, E. L. (1930/1970). *Psychologie der Erziehung* (3. unveränderte Auflage). Bobertag, O. (Hrsg.). Stuttgart: Verlag Gustav Fischer.

Tomasello, M. (2010). *Warum wir kooperieren.* Berlin: Suhrkamp Verlag.

Watson, J. B. (1930). *Behaviorismus* (3.unveränderte Auflage 1984). Graumann, C. F. (Hrsg). Frankfurt am Man: Fachbuchhandlung für Psychologie GmbH.

Wells, H. K. (1976). *Iwan P. Pawlow. Auf dem Wege zu einer wissenschaftlichen Psychologie und Psychiatrie.* Berlin: Carola Storm-Knirsch Verlag.

Zumkley-Münkel, C. (1976). *Imitationslernen. Theorien und empirische Befunde.* Klauer, J. & Kornadt, H.-J. (Hrsg.). Düsseldorf: Pädagogischer Verlag Schwann.